何度も何度も挫折した人のための
英語はネット動画で身につけろ！

本間正人

角川

まえがき

インターネットを見ていたら、いつの間にか時間が経つのを忘れていた、という経験をお持ちの方は多いはず。特に、YouTube など動画系のサイトには、はまりやすいものです。

こんなにパワフルな文明の利器を英語学習に使わない手はありません。

日本人が、英語に苦手意識を持っている背景には、英語との接触時間、特に、リスニングの絶対時間数が足りないため耳が英語を聞くことに慣れていない、という大きなファクターがあります。

私たちが日本語のネイティブ・スピーカーなのは、日本語環境で暮らし、教育を受けてきたからで、日本語と長い時間、触れてきたからです。

では、英語と接する時間をどう増やしたらよいのでしょう？　それは、多くの日本人が犯しがちな「挫折のパターン」を認識し、それを避けること。そして、自分に合った学習スタイルを知り、ネット上に存在するさまざまな学習資源を最大限活用して、「勉強しなければならない」という義務感を手放すことです。

そうすれば、「あれ、いつの間にか、こんなに英語と接していた」というように、日常感覚の中に効果的に英語の要素を取り入れることができるでしょう。

いきなり難しい題材に挑戦するのではなく、まずは気軽に楽しめる VOA Special English や、BBC

まえがき

Learning English などからスタートし、徐々にハードルを上げていくのがおすすめです。英語のカラオケのレパートリーを増やしたり、予め日本語で背景を知ってから、英語の字幕付きのYouTubeを見たりしていくと、自然に楽しく、レベルアップしていくことが可能です。

　本書でご紹介するように、今やインターネットには、カラフルで、便利で、面白く、英語と接することができる素材がふんだんに存在します。ここで取り上げることができたのは、膨大な「学習資源」のごくごく一部にすぎません。

　本書でヒントをつかんで、ぜひ、自分なりの英語学習法、英語とのつきあい方を編み出していただければさいわいです。

　本書の上梓にあたっては、角川SSコミュニケーションズの内田朋恵さんに企画から最終段階まで熱心にご尽力いただきました。編集者の髙木繁伸さん、近藤聡子さんのサポートにも、心から御礼申し上げます。

　今まで、英語の勉強をしようと思いつつ、何度も挫折を繰り返してきた方が、「あー、これなら自分らしく、無理なく、楽しく続けられる」と感じていただくこと。そして、いつの間にか「あれ、今のセリフ、ちゃんと聞けてる」という状況を手に入れていただくことを願っています。

　　　　　　　　　　　　　　　　　　本間 正人

目次

はじめに　2

第1章 まず英語を学ぶ楽しさを感じよう　9

1. 英語学習法──間違いだらけの常識　10
日本人が英語を嫌う3つの理由／挫折の王道5パターン／英語は自学自習が基本／学ぶ喜びをもっと味わおう

2. 英語学習を楽しくする基本　19
あなたは「先のばし症候群」？／学習計画の効果的な立て方／いろいろな学習方法を編み出す秘訣／学習環境で学び方を変えよう／とにかく2000時間が目標／あえて人工的な目標を設定する

3. インターネットの効用を活かそう　31
インターネットはすばらしい英語教材／お金をかけずにいろいろ試せる／ネット・サーフィンでも英語と触れよう！／世界のイノベーション・プログラムにアクセス！／質の悪い英語に注意／選び方のガイドラインは必要

【コラム】本間正人の英語学習体験①　38

第2章 自分に合った学習法を見つけよう　41

1. あなたの得意な学習スタイルはどれ？　42
好きこそものの上手なれ／学習スタイルを8つに分類しよう／言葉そのものが好きな人は？／数・論理に強

い人は?／イメージ能力の高い人は?／スポーツが得意な人は?／音楽が好きな人は?／アウトドア派は?／一人でいるのが好きな人は?／みんなといるのが好きな人は?

2.「MIX3の法則」で飽きずに続けられる　　63
英語の学習資源は無限にある!／3つの学習メニューでマンネリを打破／お楽しみの時間も忘れずに

【コラム】本間正人の英語学習体験②　　68

第3章 ニュース・サイトは難しくない　　71

1.ニュース・サイトで楽しく学ぶ　　72
英語嫌いでもOKのニュース・サイト／VOAはいたれりつくせり／ニュース原稿の構文はシンプル／記憶に定着するヒアリング練習法／キーワードを拾うパーシャル・ディクテーション／初級者に最適の英英辞書〜Our Word Book／ゲームを使って楽しもう!／慣れたらVOA Newsへステップ・アップ!

2.今使える英語をすぐに身につける　　84
生きた英語を学べるテレビ・ニュース／とっつきやすさは重要なポイント／英語ニュースで世界が広がる／CNNの10分間ニュース／裸のお姉さんがニュースを読む驚きのサイト

3.日本にいながらにして英国留学を体験!!　　90
国や地域で英語は変わる／ブリティッシュ英語のニュアンスを知る／英国留学生活が体感できる動画／ブリティッシュ英語の発音をマスター／英国企業に転職したい人必見

【コラム】本間正人の英語学習体験③　　97

第4章 ビジネス書で英語力を磨く秘訣　　99

1.ビジネス洋書は英語の学習資源　　100

洋書を読み切ると自信がつく／「ハリポタ」の原書は挫折しやすい／原書のほうが読みやすい場合も／世界的ベストセラーのビジネス書を読む／アマゾンで本のエッセンスを拾い読み／ウィキペディアで本のエッセンスを拾い読み／ビジネス書のキーワードは世界共通言語／著者のホームページで本のエッセンスを拾い読み

2.著者の肉声を聞いてみよう！　　113

オーディオ・ブックで脳を活性化／本を読んだ経験をマルチメディアに展開

【コラム】本間正人の英語学習体験④　　116

第5章 いよいよ動画サイトに挑戦！　　119

1.YouTubeで英語力を磨く　　120

憧れのあの人の英語を聞く／名スピーチを繰り返し聞く／YouTubeで英語の字幕を出す方法／名スピーチを書き写す

2.YouTubeで挫折しない英語学習法　　127

先に答えを見るのは悪くない／英語ができると世界が広がる／あなたもきっと涙する感動の英語教材

【コラム】本間正人の英語学習体験⑤　　135

第6章 さらにステップ・アップするために　　137

1.日常生活に英語を取り込もう！　　138

フェイス・ブックにアカウントを持つ／ネイティブと電話でディスカッション

2.ふだんの生活の中でステップ・アップ　143

日常生活を英語づけにしてしまおう！／「しり(尻)とり」ならぬ「かた(肩)とり」／コンピューター英語に強くなろう／1日の仕事で使う動詞をピックアップ／道具不要の文字並べゲーム／高速筆写暗記法

【コラム】本間正人の英語学習体験⑥　153

最後に──英語を学び続けるために　155

もっと英語ができたら！はみんなの願い／新メニューの開発は楽しい！／自分から声をかけよう／キムタクの英語が通じなかったわけ／自信を持って大きな声で話そう

【付録】まだまだある！　使えるサイト10選　161
あとがき　172

第1章 まず英語を学ぶ楽しさを感じよう 🔍

英語を学ぶのは楽しい！
そう思える時間をもっと増やそう!!

1.英語学習法——間違いだらけの常識

Q ····· 英語が苦手な人は、ものすごくがんばらないといけないの？

A ····· そんなことはありません。楽しい学習法に出会えば、苦手意識も消えるかもしれませんよ！

日本人が英語を嫌う3つの理由

　英語ができたらいいな、と思って勉強を始めても、1年、2年と学び続けることはなかなか難しいものです。

　勉強を途中でやめてしまった、という罪悪感がつのって、英語そのものが嫌いになってしまう人も後を絶ちません。

　英語学習が続かない理由は、大きく分けて3つあると思います。

1. 楽しい学習を知らない。そのため英語との接触時間が短くなってしまう。
2. 学習方法のバリエーションが少ない。そのため、すぐ飽きてしまう。

3．英語を使うイメージが湧かない。そのため、学習目的を見失ってしまう。

　振り返ってみると、学校の英語の授業にはこの3つがすべてそろっていたように思います。
　難解で複雑な構文や、やっかいな文法を、先生から一方的に教え込まれる授業スタイルを楽しいと思う人は、少ないでしょう。
　暗記などのインプットが中心で、会話などアウトプットの機会が極端に少ない授業では、英語を使うイメージもなかなか湧いてこなかったはずです。
　そういう授業に慣れ親しんできたために、英語学習がいつのまにか「ものすごくがんばらないといけない」ものになってしまったのかもしれません。
　本来、英語学習は喜びの体験であるはずです。
　英語という新たなコミュニケーションツールを獲得すれば、今まで通じ合えなかった人とも、分かり合えるようになるのですから！
　使うあてもないのに、ただもくもくと英語をインプットする……。これまでのこうしたパターンは、この際、忘れてしまいましょう。そして、あなた自身に合った、楽しく英語を学ぶ方法を見つけていきましょう。

挫折の王道5パターン

　日本人が英語を嫌う背景には、学習方法のバリエーションが少なすぎて、楽しいと思える学習方法に出会えなかったことが挙げられます。

そして自分には合っていない学習法であるにもかかわらず、学校の先生や周囲がすすめる方法だけにとらわれ、いつしか挫折してしまうのです。先生のすすめに従い、英語の雑誌や英字新聞を読んでみたり、ラジオの英語講座を聞いてみたり。ワンパターンの勉強法で挫折を繰り返す人が少なくありません。

じつは、多くの日本人が好んで選択する学習方法に挫折のパターンがひそんでいるのです。挫折しやすい方法には、それなりの理由があります。ここではその5つの例を挙げてみましょう。

パターン1『TIME』『Newsweek』の年間定期購読

毎日読む新聞、雑誌を英語にすれば英語に触れられる、と考えて、英字新聞や英語の雑誌を定期購読する人がいます。大幅値引きに誘われて一念発起、はりきって1年契約したものの、読み切れない号があっという間に山積み状態になり、罪悪感はつのるばかり。やがて、英語そのものに対して消極的な気持ちになってしまうのです。

『TIME』や『Newsweek』は英語のクオリティが高く、情報源としてはすばらしいもの。

でも、これらは上級者向けなのです。

私でも、『TIME』を真剣にカバー・トゥー・カバーで読もうとしたら、5、6時間かかります。英語に不慣れな人なら、見開き2ページの記事を読むだけでも2、3時間はかかるのではないでしょうか。

全部読み終わる前に新しい号が送られてきて、未開

封の雑誌や新聞がどんどん山積みになっていく……。それと一緒に、今日も、今週も読まなかったという罪悪感が積もり積もっていきます。

　これでは年間購読で申し込むと購読料が割安になる、というメリットよりも、未開封の雑誌の山を見て、英語学習そのものに嫌気がさしてしまうことのデメリットのほうが、はるかに大きくなってしまうのです。

　定期購読することで、継続して学ぶ環境をつくり、自分の気持ちを追い込みたい、という気持ちは分かります。でも、そのためには、上級者向けの教材を選ぶべきではありません。

『TIME』『Newsweek』を読むなら、興味のある号だけ駅売りや書店で買えばよいでしょう。

　そして興味のある記事を1つでも読めればそれでよしとする。1つ読めたら大拍手、3つも読めたら私ってスゴイ！

　それくらいの気持ちでちょうどいいのです。

パターン2　NHKの英語講座

　ラジオやテレビの英語講座のテキストは、4月にドーンと売れて、5月にドカンと部数が落ちる、という傾向があるそうです。

　それくらい、三日坊主で終わる人は多いのです。

　テレビやラジオの英語講座は、英語に不慣れな人でも英語が身につくよう、プログラム内容がよく吟味されています。それなのに続かない最大の理由は、決められた時間にラジオやテレビにチャンネルを合わせる

のが難しいことです。残業や飲み会などで2、3回見られないと、もうやる気をなくしてしまいます。

みんな忙しいのですから、テレビやラジオのスケジュールに自分を合わせることが負担になるのはあたりまえ。なのに、書店で新しいテキストが出たのを見るたびに、「どうして続けられなかったのか」と自分を責め、英語習得をあきらめてしまう人が多いのです。

テレビやラジオの英語講座で勉強するなら、「全部見なければダメ」という完璧主義をまず捨てること。最近の番組は、テキストを買わなくても、番組を見たり聞いたりするだけで理解できる構成になっていますから、見られるときに見る、聞けるときに聞く、という気持ちで気楽に接すればよいのです。

また、番組の内容をコンパクトにまとめたCD教材が出ているので、これを活用するのも1つの方法です。

パターン3　英英辞典で勉強

学校英語は、日本人の英語学習者にさまざまなトラウマを植えつけてきたようです。

その象徴的なグッズの1つが英英辞典。

ちょっとインテリっぽい英語の先生に、「英英辞典じゃないと、本当の英語の意味は分からんよ」などと言われて英英辞典を買い、英和辞典を使わずに単語の意味を覚えようとしたことはありませんか？

もちろん、英英辞典は、英語を学習するうえで、とても役に立つ辞典です。

しかし、知らない英単語が出てくるたびに、英英辞

典を引いていると、確実に英語が嫌いになります。説明文に知らない単語が必ず2、3出てきて、それを引くとまた分からない単語が2、3出てくる、という無間地獄に陥るからです。

　単語を辞書で引くという単純行為に、わざわざ高いハードルを設定する必要はありません。

　英英辞典は、英語学習に必須の辞書というより、むしろ「読み物」くらいの感覚で接するほうが、活用の幅が広がります。暇なときに「自分の知っている言葉」を引いて、「へぇー、英語ではこう定義するのか」と感心する。最初は、そのくらいでよいのです。

　たとえば、ある英英辞典でIを引くと、someone speakingで、youはsomeone spoken toです。こういう説明は、ノン・ネイティブにはなかなかできませんよね。そうしたウンチクを仕入れるためのツールと割り切って、英英辞典とつきあう余裕が欲しいものです。

パターン4　発音記号を暗記する

　「この単語と同じ発音の単語を下記から選びなさい」

　英語のテストでよく出題される問題です。

　ところが学校の英語の先生で、英語の発音が苦手な人は少なくありません。ですから、こうした問題に正解するには、発音記号を覚えるしかありませんでした。

　発音記号はテープレコーダーのなかった時代に視覚的に音を表すため、苦肉の策で考え出されたツールです。ところが、今やテープレコーダーはもちろんビデオもDVDもあるし、口の断面図はCGでいくらでも表

現できます。また、電子辞書には、単語の発音が聞ける機能も付いています。

音韻学者を目指すのでもない限り、発音記号をがむしゃらになって覚える必要はありません。

ある程度英語ができる人には、説明上発音記号が便利なこともありますが、それも中級、上級者以上の話。ボキャブラリーが2000以下の場合、発音記号を覚えることに夢中になるよりも、ナマの音を聞くことがおすすめです。

パターン5　ネイティブのいる英会話学校に通う

英語を学ぶには英語学校に行き、それもネイティブの先生に教わるのがもっとも効果的。こんなふうに思っている人は多いと思います。

でも、英語学校に通うことは人によって向き不向きがあります。後述するように、先生や他の生徒と一緒にワイワイ学ぶより、一人でコツコツ学ぶほうが合っている、という人もいるはずです。

また、英語学校に行けば短期間で必ず英語力がつく、ネイティブでなければ本当の英語は学べない、というのは、ただの幻想です。そんな思い込みは捨ててしまいましょう。

確かに、上級者で、スピーチトレーニングをしたい、作文をチェックしてほしい、という場合は、ネイティブの先生についたほうがよいでしょう。

しかし、そうではない大多数の日本人にとっては、日本人の先生に教わったほうが、陥りがちな英語の間

違いを指摘してもらえて、効率的な場合もあります。

　授業が進めばいろいろ質問したいことも出てくるでしょうが、そもそも英語で質問できればかなりの上級者。ちょっとつまずいたときに日本語で質問できる日本人の先生のほうが、じつは英語を楽しく学べる場合も多いのです。

　どうです？　あなたはこれら5つのパターンに陥っていませんか？

英語は自学自習が基本

　5つの挫折パターンに陥ってしまう理由にも通じるかもしれませんが、英語に対する苦手意識の背景には、「英語は誰かに教えてもらうもの」という固定観念があるように思います。

　これは、学校で英語の先生に一方的に教え込まれた経験が生んだ発想なのかもしれません。

　本来、英語は「自ら学ぶもの」であって、必ずしも教わらなくても習得可能です。

　学習資源(テレビ、ラジオ、DVD、インターネット、本など)が十分になかった時代なら、先生から教えてもらう以外に方法はなかったかもしれません。でも、今や英語の学習に役立つ材料はふんだんに存在します。

　テレビやラジオをつければ英語が流れてきますし、洋書も昔にくらべてずいぶん安く手に入るようになりました。DVDでも、英語字幕付きの洋画などいろいろな種類が出ています。そして、ネット上には大量の英語学習教材が、しかも無料で、あなたのアクセスを待

っているのです。

「この勉強方法・教材しかない」と思い込むのではなく、視野を広げて、自分らしく無理なく楽しく学べる教材を探すことが大切なのです。

学ぶ喜びをもっと味わおう

日本人が、英語学習を難行苦行だと思う背景には、受験英語もあります。

文法や英文解釈など、インプット中心で、アウトプットの機会が極端に少ない授業。英語のテストで赤点を取った苦い思い出。それらが積み重なって、日本人の英語に対する苦手意識が生まれたように思います。

本来、言葉を学ぶことは世界を知る喜びの体験のはず。言葉を話し始めた子どもは、「この名前は何？」「これは何て言うの？」と次々と質問します。そして、新しく覚えた言葉が通じると、うれしそうに笑いますよね。

英語だって、それと同じ。英語を学ぶことは、本当は楽しい体験なのです。海外のレストランで、英語のメニューが読めたらうれしいと思いませんか。街角で外国人に道を聞かれて、教えてあげられたら、ちょっと誇らしいですよね。

私たちがそういう喜びをもっともっと日常的に感じられたら、英語を学びたいという、積極的な意欲を、常に持ち続けることができるはずなのです。

2. 英語学習を楽しくする基本

Q …… これがベスト！という
英語の勉強法は？

A …… 残念ながらすべての人にベストな学習方法はありません。まずは自分で試してみてください。

あなたは「先のばし症候群」？

　英語に苦手意識を持ってしまう理由の1つは、「楽しい学習方法を知らないから」ということは前に述べました。

　実際、私のところには、たくさんの人が英語を身につけたいと相談に訪れます。そして、みなさん決まって、「ベストの勉強法は何か」と質問します。冷たいようですが、あなたがどんな勉強法を楽しいと感じるかは、あなた自身が試してみないと分からないのです。

　最善の学習方法は、一人ひとり異なり、かつ事後的にしか分かりません。だからこそ、いろいろ試しながら、自分に合った学習法を見つけ出していくものだと思います。Aさんに適した方法が、Bさんに向いているとは限らないのですから。

「最善の方法が見つかるまで何も始めない」という人を私は何人も見てきましたが、そういう人を私は「先のばし症候群」と呼んでいます。

すべての人にベストな学習方法はありません。ですから先のばし症候群から一刻も早く抜け出すことが、楽しく英語学習を進めるうえでとても大切なことです。

そこで、英語学習の基本的な考え方として、私は次の3点を提案したいと思います。

⑴いろいろなやり方を試してみて、自分に合った楽しく学習できる方法を何通りか発見する。
⑵毎日英語と接触する時間を持ち、空白の日をつくらないようにする。
⑶自分自身で英語を使う場面や英語を使うニーズを想定し、その目的を意識した学習計画を立てる。

3カ月後に海外赴任する人と、1年後に海外旅行をしようとする人とでは、英語を学ぶ目的が違います。

また学生、会社員、主婦など、それぞれの立場によって勉強できる時間帯や場所が異なるはずです。

人それぞれで学習目的やライフスタイルが違うのですから、適した勉強方法も一人ひとり違っていいのです。ベストの勉強法を探して実際は何もしないより、思いつく限りの方法をどんどん試してみたほうが、自分に合った学習法に出会える可能性が高まりますし、結果的に英語との接触時間も増えるのです。

学習計画の効果的な立て方

　では、具体的にどのように学習計画を立てればよいか。1つの例を紹介しましょう。

　あなたが1年半後に海外赴任するとします。

　まずは、自分が強化したいポイントを挙げます。ここでは、次の3つに絞り込むことにしました。

　①自分の会社の特徴が10分間でスピーチできるようになる
　②営業・部下指導の実務能力を上げる
　③赴任先の文化・地理・歴史を知る

　さらに上達の目安として、TOEIC®テストの点数を、現在の600点から860点にするという目標を立ててみます。

　これらを効率的に進めるために、1年半つまり18カ月をⅠ期からⅢ期の3つの段階に分けて、ステップ・アップする計画を立てます。

　①のテーマについてはⅠ期とⅡ期、②はⅠ期からⅢ期まで、③は仕上げのⅢ期、といった具合に学習の時期を分けます。

　そして①から③のそれぞれについて、もう少し細かい目標を設定します。①については、3分間スピーチから5分、10分と、徐々に話せる時間を増やす。②は英語での部下指導と営業力強化という2つの課題を2期に分ける。

　こうして大きな計画が出来上がったら、次は1日の勉強時間です。「TOEIC®テスト1点アップ＝3時間の法則」、つまり3時間の勉強で1点上がるという考え方

があります。このビジネスパーソンの場合でいえば、260点アップのためには780時間かけたいところです。1年半(540日)で割ると、1日1時間半となります。これならば、無理なく勉強することができるでしょう。

そこでこの1時間半をTOEIC®テストの勉強と、先に挙げた3つのテーマを勉強するために時間配分します。

最後に今述べてきた学習計画を、実際に紙に書き出してみましょう(24ページ参照)。

大雑把ではありますが、このような計画を立てると、学習進捗の途中経過を確認しながら、目標に向けてステップ・アップしやすいのです。

いろいろな学習方法を編み出す秘訣

目標に向かって学習計画は立てました。次はどんな学習をしていくかについて、説明しましょう。

先ほどいろいろな勉強法を試してみよう、と述べましたが、そう言われても、そもそも学習方法のバリエーションが浮かばない人も多いと思います。そこで学習方法のアイデアを生み出す「手がかり」をいくつかご紹介します。

手がかり1　情報の入力経路に注目

情報の入力経路は、目、耳、手、体全体など、さまざまです。

たとえば本を読むとき、黙読すれば目から情報を入力していることになりますし、音読すれば目、耳、口

など複数の器官から情報を入力することになります。

　入力経路には、人によって得意、不得意があります。目から入力するのが得意な人もいれば、耳から入力したほうが理解しやすい人もいます。

　ただ一般的には、1つの入力経路で情報を入力するよりも、同じ情報を複数の入力経路を使って入力したほうが、記憶は定着しやすいといわれています。1冊の本を使っても、

(a)　ただ黙読する
(b)　頭にイメージを描きながら読む
(c)　和訳しながら読む
(d)　音読する
(e)　動きながら読む
(f)　ノートに書き写す
(g)　音読しながらノートに書き写す
(h)　速読して大意をつかむ

など、複数の入力器官を使って繰り返し入力することを考えれば、いろいろな学習方法のアイデアが浮かんでくるでしょう。

　大切なことは、まずは試してみること。どの入力経路を使うのが自分にとって一番効果的か、分かってくると思います。

【学習計画の立て方―1日1.5時間の勉強時間の配分】
<1年半後に海外赴任するビジネスパーソンの場合>

勉強開始(START)

期	期間		
Ⅰ期	現在 ～ 6カ月後	TOEIC®テスト 600点	
Ⅱ期	～ 12カ月後		45分 / 45分
Ⅲ期	～ 18カ月後	TOEIC®テスト 860点	30分 / 60分

海外赴任(GOAL!!)　　30分　45分

第1章　まず英語を学ぶ楽しさを感じよう

1日の勉強時間の出し方
（TOEIC®テスト1点UPする3時間の法則に基づく）

TOEIC®テスト260点UP×3＝780時間
780時間÷540日（18カ月）＝約1.5時間／日

1年半で目標を達成するためには、
1日1時間半の勉強が必要!

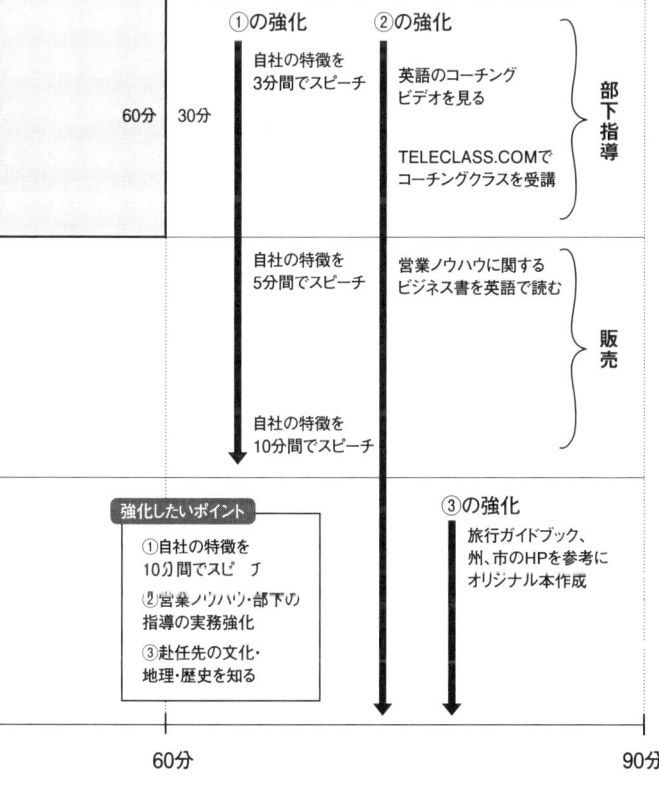

手がかり2　得意な分野で学ぶ

　学校の英語の授業では、教科書に採録された学習教材は決められていました。小説にあまり関心のない人が、エリオットの『サイラス・マーナー』を読んでも、あまり興味が持てなかったかもしれません。

　米国の南北戦争についてほとんど知識のない人が、リンカーンのゲティスバーグの演説を読んでも、今ひとつ心に響かなかったことでしょう。

　与えられた教材で英語を勉強するのではなく、自分が得意な分野の中に英語の学習教材を探してみると、英語が身近に感じられるようになります。

　たとえば、ファッションに興味のある人なら、英語版の『ELLE』や『VOGUE』のホームページにアクセスして、コラムなどを読んでみるのです。ブランドの名前やデザインの傾向など、すでに蓄積されている知識が、英語の理解を助けてくれるはずです。

　算数や数学が得意な人は、アメリカの算数や数学の教科書を読んでみると、いろいろな発見があるはずです。たとえば、quarterは4分の1の意味。マクドナルドの「ダブル・クォーター・パウンダー」は、通分すれば「ハーフ・パウンダー」になるはず、なんてことに気づくと、英語学習が楽しくなってきます。

第1章　まず英語を学ぶ楽しさを感じよう

【VOGUE　http://www.vogue.com/?us_site=y】
世界でもっとも影響力のあるファッション誌という評価を得た『ヴォーグ』の英語版サイト。ファッションだけでなく、ライフスタイル、デザイン情報も満載。画像を見ながらファッション関係の英単語をおぼえられるので、語彙力もアップ。

学習環境で学び方を変えよう

人にはそれぞれライフスタイルがあります。

ライフスタイルにそぐわない学習方法は、長期間続けるのが難しいものです。なるべく今のライフスタイルを壊さずにできる勉強法を考えてみるのも1つの方法です。たとえば車での移動が多い人は、CDなど耳から入力する学習ツールのバリエーションを増やしてみましょう。

インターネットで検索すれば、いろいろなジャンルの音声教材が手に入ります。ニュースの音声や興味のある人のスピーチなどを携帯端末にダウンロードしてみてはいかがでしょう。

本の内容をナレーターが録音したAudio Bookを買って、英語の本を耳から入力するのもいいですね。
　車での移動中にAFN（旧FEN）を流している人もいますが、AFNは駐留米軍を対象にしたラジオ放送で、英語に不慣れなノン・ネイティブが聞き取るには、ハードルが高すぎるように思います。
　後で詳しく紹介しますが、インターネットには、VOA Special Englishという、ノン・ネイティブ向けのニュース・サイトがあります（74ページ参照）。このサイトでは英語に不慣れな人のために、ゆっくりとニュース原稿を読んでいるので、そういう音声をダウンロードして繰り返し聞くほうが挫折しにくいでしょう。

とにかく2000時間が目標

　ベストの勉強法を知りたがる人は、少しでも効率よく、短時間で英語を習得したいと思っているでしょう。
　ところが、あらゆる人に共通して効率的な英語学習法などというものは存在しないのです。実際は、とにかくどんなやり方でも試してみて、英語との接触時間を増やすほうが、結果的に早く英語が身につけられます。なぜなら、ノン・ネイティブとして十分な英語能力をつけるには、2000時間の学習が必要というのが定説だからです。
　また学習計画のところで説明したとおり、TOEIC®テストは3時間の勉強で1点上がるという説があります。
　この計算でいくと、2000時間英語を勉強すると

665点スコアが上がります。TOEIC®テストはあてずっぽうで受けても200点くらい取れるといわれていますので、その200点に665点を足すと計865点。

TOEIC®テストは860点以上が、ノン・ネイティブとして十分な英語運用能力があるAレベルですから、ゼロから始めて2000時間で英語力がつくという説には、それなりの根拠があるようです。

中学・高校で6年間も英語を勉強したのに英語が話せないなんて！と嘆いたことはありませんか？　でも、中学・高校で英語を学んだ時間を計算してみると、意外に少ないものなのです。

学校にもよりますが、中学・高校では週にだいたい4コマ程度英語の授業があったはずです。学校の1年は35週が標準なので、6年間の英語勉強時間を合算すると計840時間（1年＝35週×4コマ＝140時間、140時間×6年＝840時間）。

2000時間の半分にも満たないことが分かるでしょう。しかも、英語の授業といっても、文法や英文解釈の場合には、ほとんど日本語が飛び交っていたはずなので、英語との正味の接触時間はもっと短いはずです。とくに現在30歳代以上の人は、リスニング（意識して注意深く聞く）の累積時間が絶対的に足りません。

まずは1日1時間、コンスタントに英語に接すれば年間365時間、5年で1800時間。どんな方法であっても、これだけコンスタントに続ければ、外国人として十分な英語運用能力がつくはずです。

あえて人工的な目標を設定する

　英語を勉強するのに、明確な目標がある人は少ないように思います。1年後に海外に赴任する予定だとか、来月外国人の上司に業務報告をするなど、目的がはっきりしていれば、それに合わせて学習方法のアイデアも湧いてきます。

　でも実際は、ほとんどの人が、なんとなく英語ができるようになったらいいなぁという、あいまいな目的で勉強を始めるのです。

　そういう人は、人工的な目的を設定すると英語学習のモチベーションが高まります。

　たとえば3カ月後に英検○級に合格するとか、半年後にTOEIC®テスト○○○点をクリアするなど、期限を区切って目標を設定し、学習計画を立てるのです。

　その際、目標を達成できたらハワイに行く！などのごほうびを設定しておくと、さらに効果的です。

　TOEIC®テスト活用のよいところは、30点アップ、50点アップといった小さな伸びも成長として実感できるところです。そういう小さな成功体験を積み上げていくことが、英語学習のモチベーションの維持に役立ちます。

第1章　まず英語を学ぶ楽しさを感じよう

3.インターネットの効用を活かそう

Q …… 毎日見ているインターネットで
ホントに英語が
学べるのですか？

A …… もちろんです！　ネットなら、英語学習が
ワクワクする体験に変わりますよ。

インターネットはすばらしい英語教材

　英語を楽しく学ぶには、いろいろなやり方を試してみて、自分に合った勉強法を探し出すことが大切であることはすでに述べました。でも、いろいろ試すのって案外お金がかかりますよね。

　書店でたくさんの参考書を買ったり、テープやCD教材をそろえたり……。語学学校の授業料だって相当なものでしょう。できることなら、なるべくお金をかけずに英語を習得したいもの。無料でいろいろな学習方法が試せたら、こんなにいいことはありません。

　そんな思いに応えてくれるのが、インターネット。今や、パソコンがなくても、携帯電話や携帯情報端末を使って世界中のWebサイトを見ることができるよ

うになりました。

　インターネットに接続すれば、世界各国から発せられる英語の情報にアクセスできます。その中には、驚くほど質が高く、楽しめる英語教材が存在しているのです。しかも、それらの学習資源がほとんど無料。海外旅行に行くのさえ大変だった時代に、英語を学んだ先人たちの苦労を考えれば、今は夢のような環境です。

　英語を学びたい、と思ったら必要以上にお金をかける必要はありません。インターネットに接続するだけで、すぐに、英語の勉強を始めることができるのです。

お金をかけずにいろいろ試せる

　インターネットであれば、お金をかけずにいろいろな勉強法を試すことができます。

　インターネット上には、英語の教材があらゆるジャンルでそろっています。学校の授業のように、算数、理科、音楽といった科目別に英語の学習教材をそろえることだってできます。しかも文字情報だけでなく、画像や動画、音声も豊富です。

　コストを気にせずに、トライ・アンド・エラーを繰り返して、自分に合った学習方法を探せるのは、インターネットの最大のメリットといえるでしょう。加えて、インターネットを活用した学習は時間を選びません。

　ラジオの英語講座が長続きしないのは、決められた時間にラジオを聞かねばならないことが大きな原因であることは先に触れました。

インターネットであれば、仕事の合間のちょっとしたすきま時間にも英語を勉強することができます。携帯端末にデータをダウンロードすれば、電車や車の中でだって、勉強できますね。

ネット・サーフィンでも英語と触れよう！

前述のとおり、英語の習得に必要な学習時間は2000時間が目安といわれます。

2000時間を目標に毎日コツコツ、勉強時間を積み上げていくなんてとても無理！という声が聞こえてきそうですが、ちょっと考えてみてください。あなたは毎日どのくらいの時間、インターネットに接続していますか？

ちょっと調べ物をするつもりが、興味のあるサイトを次々とクリックするうちに、あっという間に30分、1時間が過ぎてしまった！という経験をしたことはありませんか？

それなら、ネット・サーフィンの時間は英語の勉強時間である、と意識を変えてみてください。今まで目に映っていたけれど、とくに意識していなかった英語が、くっきりと目に飛び込んでくるはずです。

机に向かって参考書を開くのはおっくうでも、ネット・サーフィンの延長で、スムーズに英語学習に入っていけるなら、毎日コツコツ勉強を続けることは、それほど難しいことではないように思うのです。

世界のイノベーティブなプログラムにアクセス！

　インターネットに国境はありません。ネットを活用すれば、海外の英語学習プログラムを受講することだってできます。

　英語を学びたいと思っているのは、日本人だけではありません。ブラジルでも韓国でもケニアでも、世界各地で英語の教育方法が研究されており、新しい学習方法が次々と開発されています。

　たとえば、日本人にはあまり知られていませんが、地中海のマルタ島には英語学校がたくさんあります。マルタはイギリス連邦に加盟していて、公用語はマルタ語と英語。だからブリティッシュ英語が学べるのです。しかも、イギリスより物価が安いので、マルタの英語学校にはたくさんの国の人たちが集まってきます。

　ひょっとしたら、そういう遠い国で実践されている英語学習プログラムの中に、自分にぴったりの学習法が見つかるかもしれません。

　後ほど詳しく紹介しますが、英国の英語学校のプログラムを紹介したようなサイトはすでに存在していますから、今後、マルタの英語学校の学習プログラムを公開したサイトだって、現れるかもしれませんね。

第1章　まず英語を学ぶ楽しさを感じよう

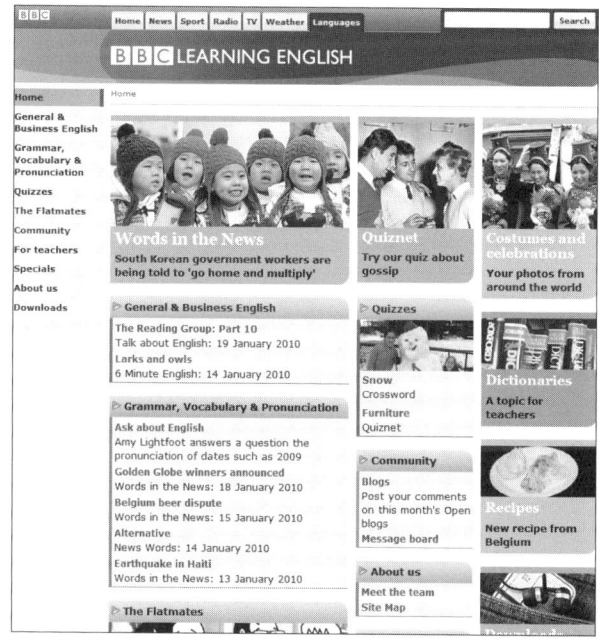

【BBC LEARNING ENGLISH
http://www.bbc.co.uk/worldservice/learningenglish/】
BBC放送が英語学習者のために設けたサイト。ニュースの語彙解説、クイズなど硬軟とりまぜた飽きさせない内容。ビジネスに活かせるニュース英語の背景も分かる。

質の悪い英語に注意

　昔、海外に行くのさえ大変だった時代に苦労して英語を学んできた人にしてみたら、インターネットはまさに夢のツールです。

　でも、1つだけ問題があります。それは選択の余地が膨大すぎて、どれを選べばいいのかが分からなくな

ってしまう、ということです。

　おいしそうなケーキがたくさん並んだショーケースの前で、どのケーキにしようか迷ってしまうのと同じ心境です。

　いろいろなやり方を試すのがいい、といっても、どんな傾向のサイトが自分の好みに合う可能性が高いか、くらいは知っておきたいものです。

　それにインターネット上には、英語のクオリティがそれほど高くないホームページや、情報の信憑性が定かでないサイトもあります。

　たとえば、日本企業の英語サイトには、英語の「受け身表現」が多いものが目立ちます。

　「工場が建設された」はwas built、「会社が設立された」はwas establishedといった具合です。

　もちろんこれらの英語も間違いではないのですが、やたらこのパターンが続くと、ぎこちない文章に見えてしまいます。おそらく、動詞のactive vocabularyが少ないため、限られた動詞でいろんな表現をせねばならず、どうしても受け身表現が多くなってしまうのでしょう。

　　was built　　　　→　began operation
　　was established →　incorporated（自動詞）

　など、同じことを伝えるのに能動系の動詞を使った言い方もたくさんあります。

　ただ、こういう英語のクオリティを、不慣れな人が

見極めることはなかなか難しいかもしれません。

選び方のガイドラインは必要

　インターネット上で英語の学習資源を選ぶには、選び方のガイドラインが必要です。そのガイドラインを提示しよう、というのがこの本の目的の1つでもあります。

　第3章からは、私が日常的に接しているサイトの中で、日本人の英語学習者に役立つと思われるサイトを具体的に紹介しました。

　英語のクオリティが高く、しかも英語に不慣れな人でも学習しやすいサイトを厳選しています。もちろん、学習メニューのデザートになるような、お楽しみのサイトも紹介しています。

　へぇ～、こんなサイトがあったんだ！　もっと見てみたい！と思っていただけたら、ぜひアクセスして体感してみてください。

　次章では、具体的なサイトを紹介する前に、自分の学習スタイルに合うサイトの見つけ方を紹介したいと思います。

　さあ、私と一緒に、楽しい英語学習の世界に一歩を踏み出してみましょう!!

本間正人の英語学習体験① Column

■受験英語に興味が持てなかった中・高時代

　私と英語との出会いを振り返ってみたいと思います。最初の出会いは小学6年生の2月、中学受験が終わってすぐに、都立九段高校の物理の先生から英文法の手引きを受ける機会がありました。

　いきなり「英語には5つの文型がある」という話から始まり、「SV、SVC、SVO、SVOO、SVOCだ」というのです。英語のボキャブラリーがほとんどない状態でしたから、はっきり言ってまったく意味が分かりませんでした。しかしこの勉強のおかげで、文法用語に関してはとても詳しくなりました。

　その先生からは、中学受験対策として化学記号を教えていただいたのですが、これと同じように文法をパズル感覚で学ぶのが、当時の私には合っていたようです。

　その後の東京教育大学附属駒場中学、高校(現在は筑波大学附属)時代は、じつはあまり熱心に学校の英語を勉強したわけではありませんでした。今にして思えば、かなり実力の高い先生方に教わっていたのですが、訳読中心の授業には、正直あまり興味を感じませんでした。

　中間・期末試験は「実力試験」だなどと言って、ほとんど勉強していなかったので、それはもう、ひどい点数でした(先生方、すみません)。

■パリ・ユネスコ本部を訪れ刺激を受ける

　中学2年生が終わった春休みに、(社)日本ユネスコ協会連盟主催の移動講座に参加する機会がありました。

　中学の恩師、城戸一夫先生が引率してくださったので、軽い気持ちで参加しました。当時は、ごく普通の中学生でしたから、Thank you. Good morning. 程度の会話しかできなかったのですが、学校の英語がすべてではない、ということを肌で感じられたのは大きな収穫でした。

　この講座はパリのユネスコ本部、ジュネーブの国際赤十字本部、ローマのFAO本部などを訪問する旅で、今にして思えば、それが、英語をもっと学ぼう、国際機関で仕事をしよう、と思ったきっかけになったように思います。城戸先生はその後、工学院大学付属高校の校長なども歴任され、ユネスコの世界遺産に関するオーソリティとしてご活躍になっていらっしゃいます。

　その後も、学校の英語の授業には興味が持てなかった私ですが、高校2年ごろから、英語学習のためにZ会の通信添削を始めました。それはとても面白い内容でした。とくに、Z-ARE（All Round English）というユニークなコースでは、かなりの長文を読んだり、高杉晋作の俳句を英語に訳したり、結構マニアックな内容でしたが、知的好奇心をそそられたものです。ただ、このコースは、採算がとれなかったらしく、残念ながらほどなく廃止されてしまいました。

大学入試では、まあ合格点は取れたと思いますが、特別に優秀だったとは思いません。ただ大学入学後も、Z会を2年ほど続けたこともあり、大学入試レベルの英語に関しては、ようやくマスターすることができたと思います。
　ですから、私の英語力のベースは、じつは受験英語だったのです。とくに、ビジネス英語のボキャブラリーの基礎は、大学受験のときに身につけたものが役に立ったと思います。

第2章 自分に合った学習法を見つけよう

得意な学習スタイルで
英語の学習効果を高めよう!!

1. あなたの得意な学習スタイルはどれ?

> **Q** …… 集中力がないと、どんな勉強法でもダメですか?

> **A** …… 得意な学習スタイルで勉強すれば、もっと集中できますよ!

好きこそものの上手なれ

いろいろなやり方を試して自分に合う学習方法を見つけることが、英語学習の基本であることは前章で述べたとおりです。

でも、いろいろなやり方を試すにしても、ある程度、自分はこんな学習スタイルが好きだ、というイメージくらいは持っておきたいものです。

好きな学習スタイルとは、日ごろから、「これが好き!」というだけでなく、「これが得意だ!」と感じることのできる学習方法ということができます。

スポーツが好きな人、ピアノやバイオリンが弾ける人、本を読むのが好きな人、数字に強い人は、それぞれ、好きな学習方法や得意な学習方法も違うはずなのです。

人間の能力は一面的なものではありません。

多面的な能力のどこが秀でているかに着目すると、得意な学習スタイルが自然と見えてきます。ですから、むやみに「集中しなければ」と思うよりも、「自然と集中できる」自分なりの学習法を見つけることが大切なのです。

学習スタイルを8つに分類しよう

　ハーバード大学教育学大学院教授で全米有数の教育心理学者であるハワード・ガードナーHoward Gardner博士は、マルチプル・インテリジェンスMultiple Intelligences理論(MI理論)を唱え、人間には多面的な能力があると主張しました。

　人間の能力を示す指数として、IQ（Intelligence Quotient）やEI（Emotional Intelligence、日本ではEQという場合が多い）がよく知られています。

　IQは情報処理速度の速さに重点が置かれているのに対し、EIは情報処理速度に自己理解、他者理解、自己表現、人間関係構築力を加味して測定する指数です。

　アインシュタインやエジソンなど天才といわれる人はIQが飛びぬけて高かったとか、社会的な成功を収めるにはEIが高くなければならない、などといわれますが、IQもEIも、人間の持つ多面的な力の、一部の側面だけをとらえて能力を測定しているにすぎない、というのがガードナー博士の考えです。

　彼は、人間の能力を、

◆言語(言葉)

◆数・論理(数、記号)

◆空間(イメージや映像)
◆身体(身体と運動)
◆音楽(リズム感、音感)
◆自然(動物、植物、大自然との一体感)
◆内省(自己とその精神的リアリティー)
◆対人関係(他人とのコミュニケーション)
の8つの領域に分類しました。

　この8つの能力は、それぞれ学習スタイルと結びつけることができます。たとえば言語能力の高い人は、本など文字ベースで学ぶ学習スタイルが向いているし、対人関係能力の高い人は、人と対話しながら学習する方法が向いているといった具合です。

　そして、長期的に見れば、苦手な分野を克服することも可能だが、短期的には、自分の得意な学習スタイルで学んだほうが効率的であると、ガードナー博士は考えました。

　これを英語学習について見てみると、次ページの表のようになります。この表をふまえて、次に8つの能力に合った英語の学習スタイルをインターネットと関連付けながらもう少し詳しく見てみましょう。

　ここでは、MI理論に則って8つの能力別に学習法を紹介しているので、一般論を述べた前章と一見矛盾していることが書かれているかもしれません。しかし、すでに述べているようにベストの学習法は人それぞれなのです。なかには11ページで紹介した挫折パターンの学習法こそが合っている人もいるかもしれません。

第2章 自分に合った学習法を見つけよう

【8つの学習スタイルに合わせた英語学習方法】

1. 言語	洋書を読む、単語帳を暗記する、語源を調べる、辞書を読む。
2. 数・論理	アメリカの算数・理科の教科書を読む、英語のクロスワード・パズルを解く、英語版テレビ・ゲームで遊ぶ。
3. 空間	海外ドラマや洋画を見る。「ピクチャー・ディクショナリー」など絵で見て学べる教材を使う。
4. 身体	書く、声に出す、ジェスチャー・ゲームなど、体を動かして学ぶ。
5. 音楽	Audio Bookを聞く、カラオケで英語の歌を歌う、講演会に行く。
6. 自然	イングリッシュ・キャンプに参加する、ガーデニングやアロマを楽しむ。
7. 内省	ラジオやテレビの英語講座を聞く、日記をつける、手紙・ブログを書く。
8. 対人関係	ボランティア活動に挑戦、英語学校・英語サークル・英語カフェに通う、ロールプレイ。

ここで紹介した方法もごく一部です。英語の学習方法には無限のバリエーションがあるので、本書を参考にして、自分自身にとってベストの方法を見つけ出し、編み出してみてください。

言葉そのものが好きな人は？

[おすすめ学習スタイル]
洋書を読む、単語帳を暗記する、語源を調べる、辞書を読む、など。

　言語能力が優れた人は、自分の考えを言葉で表現するのが得意です。
　言葉そのものに興味のある人なので、本を読むだけでなく、単語帳をめくったり、辞書をながめたりするのが好きな人もいるでしょう。
　故・野口英世氏は世界的に有名な医学博士ですが、英語、ドイツ語、フランス語、中国語、スペイン語をマスターした語学の達人でもありました。中国語など、中国に行く船の中でマスターしてしまったといいます。彼のように短期間で語学をマスターし、何カ国語も自由に操るような人は、言語の能力が特別に発達しているに違いありません。
　そんな言語能力が発達している、言語が好きな人が楽しめるサイトにOneLookがあります。
　OneLookは英英辞典の「巨大なかたまり」です。なんと、1024もの辞書を同時に検索することができます。収録言語数は1358万7880ワード。普通の辞書は10万語程度で、大辞典でも20万語程度ですからケタが違いますね。
　あれ？　「英英辞典」を使うのはNGだったはずでは？と思われる読者の方も多いでしょう。確かに、初

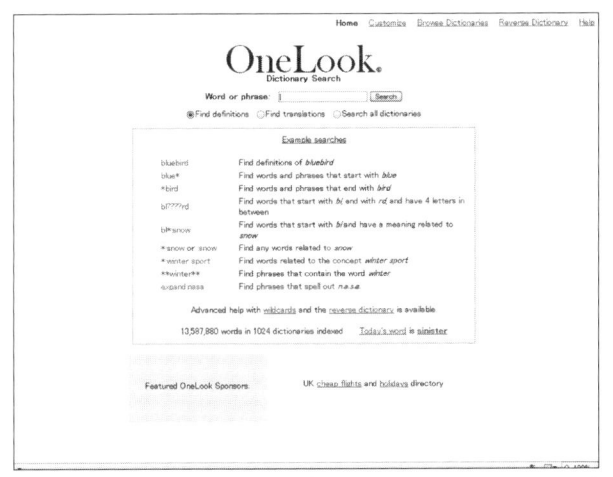

【OneLook http://www.onelook.com/】
圧倒的な語彙数、しかも意味、語源、用例が抜群に豊富な英英辞典のサイト。辞書として使うのではなく、読みものととらえると自然に語彙力もアップします。

心者がいきなり英英辞典を使うことはおすすめしませんが、言葉そのものが好きな人には、英英辞典は読みものとして最高なのです。

しかも、OneLookには一般的な辞書だけでなく、ビジネス、医学、工学、宗教学、コンピューター用語等、専門辞書も収録されています。そのため、普通の辞書では調べられない専門用語も、すぐに調べることができますし、辞書を引くというより、さまざまな言葉の情報を詳しく調べることを楽しめるサイトです。

アメリカの辞書の元祖の1つ、ウェブスターの1913年版など、昔の辞書も収録されているので、言葉の歴史的変遷を追っていける楽しみもあります。

私は、企業研修などでこのサイトで調べたことを話のネタにすることが多く、たとえばある言葉の定義が、20世紀初頭には違う定義で使われていたなど、へぇと思うネタがよく見つかります。貴重なネタ元なので本当は紹介したくなかったのですが、OneLookは、じつは私の情報源でもあるのです。

数・論理に強い人は？

[おすすめ学習スタイル]
アメリカの算数・理科の教科書を読む、英語のクロスワード・パズルを解く、英語版テレビ・ゲームで遊ぶなど。

　数・論理の分野が好きな人は、数を操作するのが得意で、システムの背景にある論理を読み解くのを好む傾向があります。
　英語の文法問題などは、パズル感覚で学べる部分があるので、意外と得意な人が多いかもしれません。実際、社会で英語を使って仕事をしている人に会うと、エンジニアなど理数系出身者の方が多い気がします。そういう人は英語の勉強にも、たとえばアメリカの数学や物理の教科書などを教材に選ぶと、面白いと思います。
　統計学の教科書を英語で読み直すと、平均はなぜMなのか（平均はmean）や、Σ（合計はsumで、ギリシア文字のΣはSに相当）などの記号の意味が読み解け

【数式を英語で読む】

式

1+2=3	1 plus 2 makes 3
3-2=1	3 minus 2 makes 1
3×2=6	3 times 2 makes 6
6÷2=3	6 divided by 2 makes 3
3/5	three fifths または 3 times fifth
a^2	the square of a または a squared
a^3	the cube of a または a cubed
a^4	a to the forth power
$\sqrt{a}^2$	the square root of a
$\sqrt{a}^3$	the cubic root of a
a≧b	a is greater than or equal to b
a≦b	a is less than or equal to b
a:b=c:d	a is b as c is d

算数（数学）用語

実数	real number
自然数	natural number
関数	function
行	row
列	column
微分	differential
積分	integral
楕円	ellipse
円	circle

【英語版ファイナル・ファンタジー

http://www.amazon.com/Final-Fantasy-XI-Ultimate-Collection-Pc/dp/
B002SQNGX2/ref=sr_1_1?ie=UTF8&s=videogames&qid=1261926582&sr=1-1】
英語版アマゾンのサイトにあるファイナル・ファンタジーのページ。英語版のゲームは、ゲーム好きの人が英語との接触時間を増やすのにうってつけ。ただし、やりすぎには注意!

て、目からウロコが落ちるでしょう。

 また無料ではありませんが、英語版のテレビ・ゲームを買って、挑戦するのもよいですね。私自身はシミュレーション系が好きで、Sim City (現在、最初のバージョンは無料でダウンロードできます)に始まり、Civilization、Master of Orionなどに、ずいぶん夢中になったものです。

 単語の種類は少々偏りますが、英語との接触時間を増やすという意味では、ゲームに勝るものはないかもしれません。年間2000時間くらいゲームをしている人は、けっこういるでしょうからね。

イメージ能力の高い人は？

[おすすめ学習スタイル]
海外ドラマや洋画を見る。「ピクチャー・ディクショナリー」など絵で見て学べる教材を使うなど。

　空間能力とは、心の中で空間的世界をイメージする能力です。空間能力に長けている人は、文字よりも絵などのビジュアルで英語を学んだほうが、情報を脳にスムーズにインプットすることができます。

　辞書も、文字だけのものを使うより、絵がふんだんに入っているものを選ぶとよいでしょう。

　オックスフォードの辞書には、文字でなく絵で説明するピクチャー・ディクショナリーがあります。

　ネイティブにとっては子ども向けの辞書ですが、ノン・ネイティブにとっては、文字だけで学ぶより、はるかに多くの情報が得られるツールです。

　on、off、atなど前置詞の意味は、日本語の感覚だと理解しにくいものですが、絵で見て、空間的イメージで把握すれば、すっと頭に入ってきます。

　オックスフォードのピクチャー・ディクショナリーは、アマゾンで試し読みができるので、興味のある人はチェックしてみてください。

　また、映画の好きな人なら、自分の好きな映画は何回見たって苦痛にはならないはず。

　最近はDVDを購入しなくても、映画会社の特設サイトやYouTubeなどで、映画のダイジェストを見る

【ネット版ピクチャー・ディクショナリー　Ogden's Basic English　Words
http://ogden.basic-english.org/wordpic2.html】
辞書のオックスフォードの中にあるピクチャー・ディクショナリーのサイト。文字だけではわかりにくい状況も、絵が加わると一目瞭然。イメージがプラスされて、英単語もおぼえやすくなる。

こともできますので、無料で海外の映画を楽しめます。
　映画で英語を学習するために開発されたソースネクストの「超字幕」というソフトや、すべてのセリフを含むシナリオが公開されている映画も多いですし、DVDならば英語と日本語の音声、英語と日本語の字幕が付いているものもありますから、最高の学習材料となります。
　英語の音声を聞きながら、英語の字幕を見ると、「へえー、こんなセリフをしゃべってたんだ」といった発見の連続になること、受け合いです。

スポーツが得意な人は？

［おすすめ学習スタイル］
体を動かして脳の活動部位を広げる。
書く、声に出す、ジェスチャー・ゲームなど。

　身体能力が高い人は、体全体を動かして情報を入力する「トータル・フィジカル・レスポンス」（TPR）という学習スタイルを試してみるのも1つの方法です。
　インターネットで検索すると分かるとおり、この理論を使った英語学習方法として、さまざまな取り組みが行われています。YouTubeにはTPRを使って英語を教えている様子がアップされていますので、ご覧になるとイメージしやすいと思います。
　たとえば前置詞のonは、「〜の上」と覚えている人が多いのですが、むしろ密着するといったほうが本来の意味に近いのです。天井の蛍光灯も、天井に密着していたら「light on the ceiling」です。「on」と言いながら体全体を壁にべったり張りつけてみると、それを実感できます。
　机の前に座って学習するだけでは、脳の活動部位が限られますが、体を動かすといろいろな筋肉、関節などが働くので脳の活動部位が広がります。すると、長期記憶に定着しやすくなるのです。
　come、go、bringなどの往来発着に関する動詞は、言葉を言いながら実際に体を動かしてみると、こうした動詞の使い分け方がすんなり理解できます。

たとえば、往来発着の動詞の1つにfetchという言葉があります。手ぶらで行って、取って帰ってくるという意味です。日本の教科書にはあまり出てきませんが、よく使われる単語の1つです。

　犬を飼っている人なら、散歩のときに、「fetch it」と言って、投げた棒を取ってこさせれば、絶対に忘れないでしょう。

　普通、「まさに〜しようとしている」という「近接未来」を表す場合には、be going to動詞 という構文を使います。ところが、go、come、bring、carry、leave、arrive at、など、「往来発着動詞」の場合には、be 動詞ing で、近接未来の意味になります。

　たとえば、

He is going to eat the hamburger.

彼はまさにハンバーガーを食べようとしている。

He is coming to the restaurant.

彼はまさにレストランに来るところだ。

とは言いますが、

He is going to come to the restaurant.

とは言わないのです。これは、TOEIC®テストなどでも、よく出題される文法の頻出項目なのですが、実際に身体を動かして覚えると、なるほど、とよく理解できるはずです。

音楽が好きな人は？

[おすすめ学習スタイル]
カラオケは英語の歌で盛り上がろう。Audio Bookを聞く、カラオケに行く、講演会に行くなど。

　カラオケで盛り上がるのは楽しいものですし、英語の学習教材としても、カラオケは優れています。
　私自身は、ちょっと古いですがビリー・ジョエルやビートルズ、フランク・シナトラあたりがレパートリーです。
　英語の歌を歌うと、英語の持つ強弱とリズムが自然と身につきます。英語で歌えるレパートリーを5曲、できれば10曲くらいつくっておくといいですね。
　その際、発音がクリアなアーティストを選ぶこと。一般に、ラップやヘビーメタルはスラングが多く、文法的にも正しくない場合が多いので、あまりおすすめできません。
　女性ならマライア・キャリーやセリーヌ・ディオンなどがおすすめ。歌い上げるタイプの歌を歌えば、腹式呼吸の習慣もついて、いいことずくめです。
　また、私は出張が多いので、車中での移動時間はiPodを聞いていることが多いのですが、聞くのはAudio Bookといわれるビジネス書の要約を音声にしたものが中心です。
　揺れる電車内で本1冊まるまる読むのは大変ですが、要約であれば約60分で、ベストセラー書の内容が分

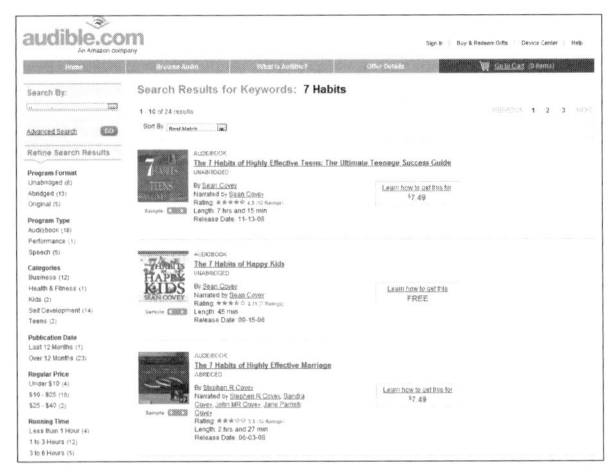

【 **audible.com** http://www.audible.com/adbl/site/enSearch/searchResults.
jsp?BV_UseBVCookie=Yes&N=0&Ntx=mode%2Bmatchallpartial&D=7+habits&
Dx=mode%2Bmatchallpartial&Ntk=S_Keywords&Ntt=7+habits 】
Audio Bookのダウンロード専門サイト。自動車通勤族の多いアメリカでは、「耳で読む」Audio Bookが発達。リスニング力をつける教材はたくさんあります。

かるので、非常に効率的です。

　ビジネス関係の話題の本であれば、Amazon.comなどで入手できますし、Audio Bookのダウンロード専門サイトもあります。本を買うより割安ですし、購入前に音声サンプルが聞けるので安心です。

　1つの例としては、「Free Classic Audio Books」（http://freeclassicaudiobooks.com/）で紹介されているものなど無料でダウンロードできる本もあるので、お金をかけずに勉強したい人は見逃せません。

アウトドア派は？

［おすすめ学習スタイル］
イングリッシュ・キャンプに参加する、ガーデニングやアロマを楽しむなど。

　自然とのかかわりの中で英語を勉強する方法はいろいろあります。都会のコンクリート・ジャングルの中だと自分らしく学べないが、大自然の大きなふところに抱かれるとのびのびと英語を吸収できる、という人も少なからずいるのです。

　ガーデニングならイギリスがお手本です。英語のガーデニングの本を参考に、庭造りを楽しんだり、ハーブを育ててみたりしてはどうでしょう。

　アロマグッズもイギリスのメーカーのものがいろいろあります。英語で書かれたアロマ・オイルのカタログを読んだり、オイルの調合法を英語で調べたり。アロマを切り口に、英語の学習素材はいろいろ集められそうですね。

　そのほか、インターネット上にはさまざまな動物、植物の写真や動画の載ったサイトもあり、動植物の英語の名前を調べることも可能です。

　また、夏休みなどを利用して、「イングリッシュ・キャンプ」に参加するのも刺激になります。

　イングリッシュ・キャンプは、野外で飯ごう炊さんやキャンプファイアーなどのアクティビティーを楽しみながら、英語に親しむイベントで、日本で実施して

【岡谷市国際交流協会　http://www.oiea.jp/jpn/events/englishcamp2009.html】
国立信州高遠青少年自然の家で開催されるイングリッシュ・キャンプの紹介ページ。こうした安価に参加できるキャンプは人気。話す力、聞く力をつけるためにも、五感を使って実際に英語に触れる機会を見つけましょう。

いるところも少なくありません。本格的に参加する場合は、参加費用がかかりますが、無料で体験入学できるところもあるので、試してみるのも1つの方法です。

　YMCAや日本ユネスコ協会などでは、夏休み期間中によくイングリッシュ・キャンプを企画しているので、ネットでチェックしてみてください。また岡谷市国際交流協会では大人対象のイングリッシュ・キャンプを企画していて、人気を集めているようです。

一人でいるのが好きな人は？

[おすすめ学習スタイル]
英語でブログを書いてみる、ラジオやテレビの英語講座を聞く、日記をつける、手紙を書くなど。

「内省」とは、自分は何者なのか、何ができるのか、人生で何をしたいのかといった、自分の心の内側を見つめようとする知性です。

内省的な人は、英語学校に通っても、周囲の人に気を使うばかりで、なかなかうまくいかない場合もあります。そんな人は、人と交わりながら英語を学ぶよりも、NHKのラジオ講座などで、一人コツコツ勉強するほうが向いています。前章でNHK講座は挫折のパターンであると述べましたが、毎日きちんと聞き続け、自己と対話できる内省的な人には、おすすめの学習法です。

英語で日記をつけてみるのも、勉強になると思います。日記文には、「Met Mr.Yamada」のように、「Iを省略して動詞の過去形でスタートする」という独特の原則があります。学校英語では主語のない英文に触れることはまずなかったでしょうから、新鮮な気分になると思います。

また、英語でブログを書いてみるのもよい勉強法です。私の友人でも、ミクシィmixiの日記を英語で書いている人がいます。ブログは長い文章を書く必要はないので、英語のライティングに不慣れな人でも取り

組みやすいと思います。

　ワードなどの文書作成ソフトにはスペルチェックの機能があるので、ワードで書いてからブログに貼り付ければ、スペルミスが減らせます。ほんの1行でもコンスタントに書き続ければ、英作文の力は確実にアップするはずです。

　日記やブログを書くうえで、洋書を参考にするのは有効な方法です。『アンネの日記』などの日記文学は、文体などを参考にするのにおすすめです。amazom.comで紹介されているページ（http://www.amazon.com/Anne-Frank-Diary-Young-Girl/dp/0553296981）にはLOOK INSIDE!（なか見！検索）があり、本の内容の一部を見ることもできます

　またオバマ大統領の「Dreams from My Father」などもよい教材の1つです。全文ではありませんが、「Dreams from My Father, by Barack Obama - Excerpt」（http://www.scribd.com/doc/16262641/Dreams-From-My-Father-by-Barack-Obama-Excerpt）では、試し読みをすることができます。

　米大統領はメモワールという時代物を必ず書くことになっていますが、この本はオバマ氏が大統領に就任する前に書かれた自伝です。ちょっと難しそうだと思ったなら、日本語版が出ているので英語版を読む前に、そちらを読んでおいたほうがよりスムーズに原文に移行できます。

みんなといるのが好きな人は？

[おすすめ学習スタイル]
英語のボランティアにチャレンジしてみる、英語サークル、英語カフェに通う、ロールプレイなど。

　対人関係は他の人を理解する知性です。インタラクティブ(双方向的)に学ぶのを好む人は、テレビやラジオの英語講座のように、自分のアクションに対する相手の反応が見えない勉強方法は向かないかもしれません。そういう人はむしろ、英語サークルや英語カフェなど、気軽に参加できる集まりに参加して、いろいろな人とコミュニケーションしながら英語を学んだほうが、楽しく学べるはずです。

　たとえば気の合う仲間同士で英語サークルをつくり、チームワークで励まし合いながら英語を学ぶ。こういうスタイルは、対人関係スキルが優れた人には合っているかもしれませんね。

　日本を旅行する外国人のために、英語で観光ガイドなどを行うボランティアに参加するのも楽しい方法です。英語の観光ガイドというと、英語の熟達者でなければできないと思うかもしれませんが、英語の能力アップを目的に、それほど得意でない人でも参加できるボランティアもあります。

【Volunteer Free Walking Tour
http://volunteerfreewalkingtour.org/index.html 】
ボランティアの英語観光ガイドを紹介するサイト。日本の多くの地域で、自分の街を英語で案内するボランティア活動も活発に行われています。話す力をつける意味でも、ネイティブと話す度胸をつけるためにも、大いにチャレンジしてみてください。

ここまで人間の能力と対応するかたちで、さまざまな学習スタイルを紹介してきました。

自分の得意な学習スタイルを知る手がかりは得られたでしょうか？

私はこういうやり方が向いているのかなぁ、というおおまかなイメージがつかめればそれでOK。あとは実践あるのみです。

2. 「MIX3の法則」で飽きずに続けられる

Q …… いつも三日坊主で続きません。根気がない私には英語学習の方法がないの？

A …… 1つのやり方でうまくいかなければ、別のやり方を試す。その繰り返しこそが長く続ける技術です。

英語の学習資源は無限にある！

英語ができるようになりたいと勉強を始めたのに、結局続かなくて、「自分には根性がない」と自己嫌悪に陥ったことはありませんか？

だからといって、冷たい滝に打たれて精神力を鍛えれば、英語ができるようにはなるとは限りません。続かない理由を精神論に求めようとすると、問題の本質が見えなくなってしまいます。

英語学習を長く続けるのに必要なのは、まず目的意識や技術的工夫であって、根性ではありません。根性で何とかしようとしても長続きしないのです。勉強は自分のためにするのであって、人生の役に立つことなのだと実感できるしくみがあれば、楽しく勉強は続け

られるはずです。

　第1章で紹介した学習計画を立てることは、続ける技術の1つです。いつまでに、どこまでやるというゴールを設定し、そこにいたるまでの道筋を考えておくと、学習に対する迷いがなくなります。

　長期の学習計画を立てたら、毎日の学習メニューを考えてみましょう。学習メニューは、飽きたり、嫌になったりすることがないよう工夫してつくることが望ましいのですが、それも無理なく楽しく。一度計画を立てても、勉強を進めながら少しずつ見直していけばよいのです。

3つの学習メニューでマンネリを打破

　メニューづくりの工夫の1つに「MIX3の法則」があります。1つの学習メニューの中に、3種類の異なる学習方法を組み込むのがMIX3の法則です。

　英語学習が続かない人の多くは、たとえば『TIME』の年間購読のように、1つの学習スタイルだけで延々と勉強を続けようとします。いくら好物でも、毎日同じものを食べさせられたら嫌気がさすことでしょう。それに、そのやり方が自分に合わなかった場合、英語の勉強そのものをやめることになってしまいます。

　そこで私は、最初から3種類の学習スタイルをメニューに組み込んでおくことをすすめています。これならば、1つの学習スタイルをやめても、まだ2つの学習スタイルが残っているので、勉強が継続できます。

　自分に合わない勉強法をやめることは、挫折でもな

んでもありません。気に入らない学習スタイルはさっさと捨てて、別の新しい方法をメニューに組み込めばいいだけの話です。はじめから3つの学習方法をメニューに組み込んでおくのはそのためです。

お楽しみの時間も忘れずに

　例として、MIX 3の法則に基づいて45分の枠組みで学習メニューを組んでみましょう。

　①単語、ビジネスメールなどを書き写す　10分
　②ベストセラー『7つの習慣』を読む　30分
　③「ネイキッド・ニュース」サイトを見る　5分

　①は触覚、②は視覚、③は視覚と聴覚が主な情報入力経路です。このように複数の感覚をバランスよく配置することがメニューづくりの第一のポイントです。
　また、メニュー全体の構成も重要なポイントです。
　メニューの最初はフルコースでいえば前菜です。まずウォーミングアップとなる、軽めの学習から始めることで、英語学習のモードにスムーズに入れます。
　また、自分がもっとも得意だと感じる学習スタイルを最初にもってくるのもいい考えです。
　2番目の皿はメインディッシュです。自分がもっとも強化したいジャンルの学習をここに入れます。今までチャレンジしたことのない新メニューを入れるのも手です。意外とこのやり方って合ってるなぁ、と新たな発見があるかもしれません。

そして最後が食後のデザートに相当するお楽しみの時間です。遊びと勉強の間にあるような、純粋に楽しめる勉強をここで取り入れます。

男性陣には、「ネイキッド・ニュース」(88ページ参照)などちょっとエッチなメニューも大いに結構! もっと見たい、もっと知りたいという好奇心が、物事を進める原動力になることは間違いないのですから。

3番目の楽しいメニューから始めたほうがスムーズ

【MIX3の法則による「学習メニュー」の例】

▶▶ **ライティング力を強化したいビジネスパーソン**

1. ビジネスメールの例文を書き写す ……… 10分
2. 『7つの習慣』(P103)を英語で読む ……… 30分
3. 「ネイキッド・ニュース」(P88)を見る ……… 5分

▶▶ **通勤電車での勉強で TOEIC®テスト750点を目指す人**

1. 携帯サイトで単語クイズ ……… 10分
2. ニュース・サイトのスクリプトを大きな文字でプリントアウトしたものを読む ……… 20分
3. カーペンターズの「Top of the World」を聞く ……… 4分

ポイント
- ◆ 視覚・聴覚・触覚をバランスよく刺激する
- ◆ メニューの最後にお楽しみを入れる

に英語の勉強が始められると思うかもしれませんが、お楽しみの時間がダラダラと延長される危険性があります。やはり、がんばったご褒美は最後にとっておくのが、おすすめです。

　こうやって、学習メニューを立ててみると、勉強に対して前向きな気分になりませんか？　学習メニューを立てるという行為そのものに、英語学習に対する意欲を高める効果があるのかもしれません。
　ただし、事前の計画立案にはあまり時間をかけすぎないほうが無難です。計画を綿密に立てようとすると、それだけで力尽きてしまうことがあります。
　計画づくりにかけるエネルギーはほどほどにして、実践しながら改良を加えていく。そのくらいの気持ちで取り組んだほうがよさそうです。

　では、次の章からは、いよいよ具体的なWebサイトを取り上げながら、インターネットを活用した学習方法を紹介していきましょう。

本間正人の英語学習体験② Column

■歌舞伎町で英語を学ぶ

　大学1年の夏休みのこと。第2外国語だった中国語の勉強でもしようと思って、有名な語学学校に行ってみたのですが、そのあまりのみすぼらしさにがっかりした私は、そこに通うのをやめ、ふらりと、当時新宿・歌舞伎町にあったECC外語学院に入ってみました。

　まず、文法のペーパーテストがありました。

　受験で英語を勉強した直後だったため、これは簡単。当然、全問正解！でした。さらに問題が違っていた部分を指摘したりして、余裕を感じていたのです。

　ところが、カウンターのスタッフが、How large is your family? とか、What do you do on weekends? とか、指をパチパチ鳴らしながら、矢継ぎ早に質問してきたとたん、青ざめてしまったのです。

　決して難しい質問ではないのですが、答えが口をついて出てこない……。

　あせればあせるほど、しどろもどろになり、「これはやばい！　勉強しなくては」と痛感。そして、その場で夏期集中講座の「初級」に申し込みました。

　安達ひろみ先生と川本燁子先生という2人の明るい先生と、とても楽しい仲間に恵まれて、英語学習にはずみがついたのはとてもラッキーでした。川本先生は、現在、映画の字幕翻訳などでご活躍されています。

■文型を叩き込むドリル方式

　振り返ってみると、当時の私にとって一番役立ったのは、英語を話す反応速度を高めるエクササイズでした。

　受験勉強では、頭の中で意味や訳文は考えても、声に出すことはありません。ところがECCでは、1つのセンテンスを疑問文にしたり、否定文にしたり、whatで始まる疑問文をつくったり、シンプルなパターンで声に出すことを繰り返し練習しました。これが私の学習スタイルには合っていたようです。

　それからは、大学に通うよりも英語を勉強している時間のほうが長いという時代になりました。

　当時のECCはレベルが細かく分かれていたのですが、中級準備、中級、上級準備を半年ずつでクリアし、大学3年で上級、4年のときは研究科に進み、同時に文法講座と時事英語講座の授業を担当させていただきました。

　毎週土曜日には、free conversation の時間をつくったり。楽しく英語を勉強したことを覚えています。ECCでの生活でもっとも刺激になったのは、上級準備から松野守峰先生の指導を受けたことです。

第3章 ニュース・サイトは難しくない

親切な工夫がいっぱいの
初心者向けニュース・サイトで英語を学ぼう！

1. ニュース・サイトで楽しく学ぶ

> **Q** ⋯⋯ 英語のニュース・サイトって難しくないですか？

> **A** ⋯⋯ とんでもない！ ノン・ネイティブのためにつくられた、初級者向けの英語ニュース・サイトもあるんですよ!!

英語嫌いでもOKのニュース・サイト

英語の総合力を高めるためには、海外メディアのニュース・サイトを活用して、最新の話題やその背景を理解することが大切です。初級者は会話の中に多少分からない語句があっても、話題の全体像をつかめれば、会話の流れについていきやすくなるからです。

私もおすすめすることが多いのですが、そんなときによく、「ニュース・サイトは敷居が高いのでは？」という質問を受けます。

答えはNO！ それはまったくの誤解です。

ふだん英語に接していない人のためにつくられたニュース・サイトを活用すれば、最新のニュースを見ながら、英語を勉強することができます。では、どんなニュース・サイトがよいのでしょう。それは、次の3

つのポイントを押さえているサイトです。

> **1．サイトで使用されているボキャブラリー数が多すぎない。**
> **2．文章の構造が簡単である。**
> **3．音声スピードがゆっくりである。**

　そんなサイトがあったら、英語でニュースを聞いたり、読んだりしてみたいと思いますよね。
　VOA（The Voice of America）はアメリカの国営短波ラジオ放送局で、インターネット上でも放送を行っています。VOAのニュース・サイトには、英語を学習している外国人向けにつくられた「Special English」というサイトがあります。
　ここでいう「special」は、特別に配慮された、という意味。つまり、英語がそれほど得意でない人でも、スムーズに英語のニュースに触れられるよう、サイトの各所に工夫が施されています。

VOAはいたれりつくせり

　VOAをひと言で表すと、アメリカの政府広報ニュースを提供するサイトです。民主主義、自由、テロ反対といったアメリカ政府・軍のメッセージを世界に広めるためのプロパガンダ放送ともいえるので、反政府的なニュースはまず報道されません。メディアとしては少々偏りがある感じはしますが、英語学習という点でいえばVOAは、たいへん役立つサイトなのです。

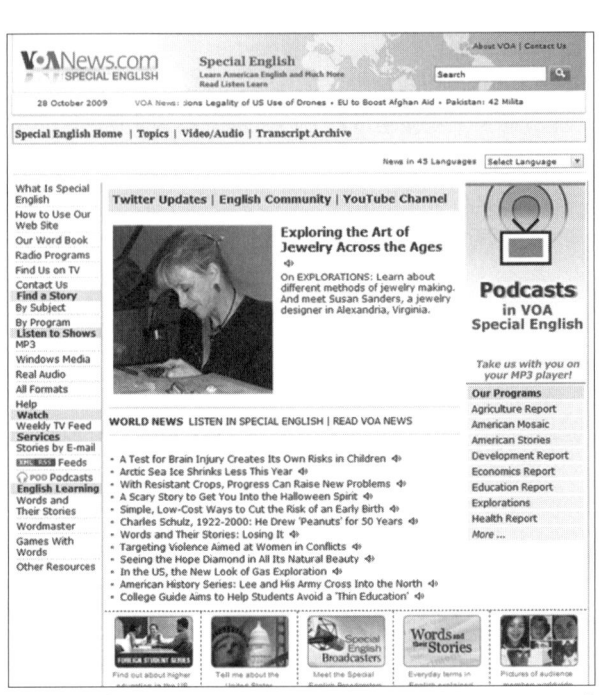

【VOA Special English http://www.voanews.com/specialenglish/ 】
英語を学習している外国人向けにつくられているので、語彙、構文、朗読スピードなどの点で、初級者でも安心して学べます。

VOA Special English は英語学習者にニュースを伝えるために、次のような3つの工夫を施しています。

1. サイトで使用されているボキャブラリー数がおおよそ1500ワードに抑えられている。
2. 文章がSVOを基調としたシンプルな構文で分かりやすい。

3．音声スピードが1分間で100ワード程度と非常にゆっくり。通常のニュースは1分に250〜300ワードなので、その半分以下のスピードである。

　1500ワードといっても、どのくらいのレベルの語彙数かピンとこない人がいるかもしれませんね。
　現在の学習指導要領では公立中学校の3年間で学ぶ英語のボキャブラリー数は900ワード。今後、ゆとり教育の見直しで1200ワードまで増やす方針になっています。ですから、1500ワードは中学英語プラスアルファの語彙数に相当すると考えてよいでしょう。
　ちなみに高校卒業までに習得する語彙数の目安は2200ワード。大学受験には5000から6000の語彙数が必要だといわれています。
　ただし、スペルを見れば分かったとしても、耳で聞いて分かるというレベルになると、大学受験を経験した人でも、その語彙数はもっと少ないのではないでしょうか。

ニュース原稿の構文はシンプル

　VOAのサイトでは、ニュースの文章構成がとてもシンプルです。いつ、どこで、誰が、何をしたかの5W1Hが基本で、一つひとつのセンテンスは、SVOを基調としています。英文和訳のテストに登場するような難解な構文は、まず出てきません。
　話すスピードがゆっくりであることは、実際に聞いてもらえばすぐ分かります。一般の英語ニュースを聞

いたことがある人なら、VOA Special English の英語は非常にゆっくりだと感じるはずです。

そのうえ、VOAでは、ニュースを読むアンカーマンが、英語が不得意な日本人にもよく聞き取れるようにはっきりと読んでくれますし、その発音も聞き取りやすくなっています。

このサイトの英語ニュースを聞くと、旅先で現地の人に親切に、丁寧に道を教えてもらったときのような、温かい気分になり、英語学習に対するモチベーションもアップします。

放送内容のスクリプト(ニュースの内容)も公開されていて、サイトからダウンロードすることができます。スクリプトをざっと見ると、それほど難解な単語は含まれていないのが分かります。

記事に関連した画像も添付されているので、記事全体を流し読みすれば、辞書を引かなくても、おおよその内容は見当がつくと思います。記事の長さもコンパクトなので、何度も繰り返し聞いても苦になりません。

記憶に定着するヒアリング練習法

VOA Special Englishは、書店や通信販売などで売っている音声教材とくらべてみても、英語の質、使いやすさなど、まったく遜色ありません。むしろ、最新ニュースで英語が学べるという点でいえば、CDやDVDの英語教材より優れているともいえます。そういう教材が、ほとんどが無料で手に入るのですから、ぜひ活用したいものです。

一般に、日本人はヒアリングが苦手な人が多いようです。その理由の1つとしていえるのは、学校英語でヒアリングの訓練を受けてこなかった人がほとんどで、英語を聞く時間の絶対数が少なすぎるからでしょう。

　そうであるならば、その解決法は英語を聞く時間を増やすことです。しかし、どうせ聞くなら、ただ英語を聞くのではなく、効果的な方法で聞いて、ヒアリング力を伸ばしたいですよね。

　ひたすら耳から入力するよりも、耳と一緒に目、手、頭も働かせて聞いたほうが、ヒアリング力は伸びます。では、ここで聞き取り練習のバリエーションを紹介しましょう。

ヒアリング力を高める6つのステップ
STEP1　ただ聞く
STEP2　映像を思い浮かべて聞く
STEP3　スクリプトを見ながら聞く
STEP4　スクリプトを見た後、何も見ずに聞く
STEP5　シャドウイング。話している人の後について話す
STEP6　ディクテーション。ひたすら書き取る

　この6つのステップは、聴覚、視覚、体全体とさまざまな感覚器官を動員して英語を聞くためのものです。

　文字を見ながら聞くだけでなく、映像をイメージしながら聞くと、脳の活動領域が広がります。

　ちなみに、シャドウイング(shadowing)とは、ナ

レーターのすぐ後について同じことを復唱する学習方法です。口を動かしながら耳で聞くというように、複数の入力経路が働くので学習内容が記憶に定着しやすくなりますし、英語のリズムを体に染み込ませることもできます。

キーワードを拾うパーシャル・ディクテーション

　STEP 6のディクテーションdictationとは、聞いた内容をひたすら書き取る学習方法です。

　でも私は、聞いた内容を必ずしもすべて書き写す必要はないと考えています。実際、日本語で会話するときでも、相手の言葉を一言一句聞き逃すまいと思っている人は少ないでしょう。

　英語も同じ。すべて理解しなければと緊張して聞くよりも、重要なところだけ聞ければいいや、とリラックスして聞いたほうが、コミュニケーションはうまくいきます。

　聞いた内容からキーワードだけを拾って書き取る学習法をパーシャル・ディクテーションpartial dictationといいますが、パーシャル・ディクテーションで書き取った内容を見直すと、ニュースの大意はつかめているはずです。

　重要なキーワードは、「始まった、やめた、上がった、下がった」などの動詞、「速い、遅い、高い、安い」などの形容詞、数字、時期、人名などがほとんどです。ニュースの場合、キーワードはアナウンサーが強く読む傾向があるので、普通の教材よりも聞き取りやすい

のです。

初級者に最適の英英辞書〜Our Word Book

　単語を覚えるならできるだけ使用頻度の高いものから覚えたいと思うでしょう。

　「でる順」など受験用の単語帳は、入試がターゲットなので、実用英語ではあまり使わない単語も収録されています。

　むしろ、ニュースの頻出単語を覚えるならVOAの「Our Word Book」を活用することをおすすめします。

　VOA Special Englishのホーム画面で、「Our Word Book」のアイコンをクリックすると、サイトで使われている基本的な単語の意味を説明する英英辞典が表示されるので、ぜひアクセスしてみてください。

　Our Word Bookに掲載されている単語数は約1500ワード。米国政府の国営放送という性質上、truce（停戦）など軍事関係の単語が多少目立ちますが、メインとなるのは、一般の会話や文章で使用頻度の高い単語です。

　第1章で、英英辞典を使うのは英語学習の挫折の王道であると説明しましたが、このOur Word Bookなら、知らない単語の解説の中に、また知らない単語がある、という無間地獄に陥る危険は少ないのではないでしょうか。知っている単語の意味を味わいつつ、新しい単語を覚えるには非常に便利なツールといえます。

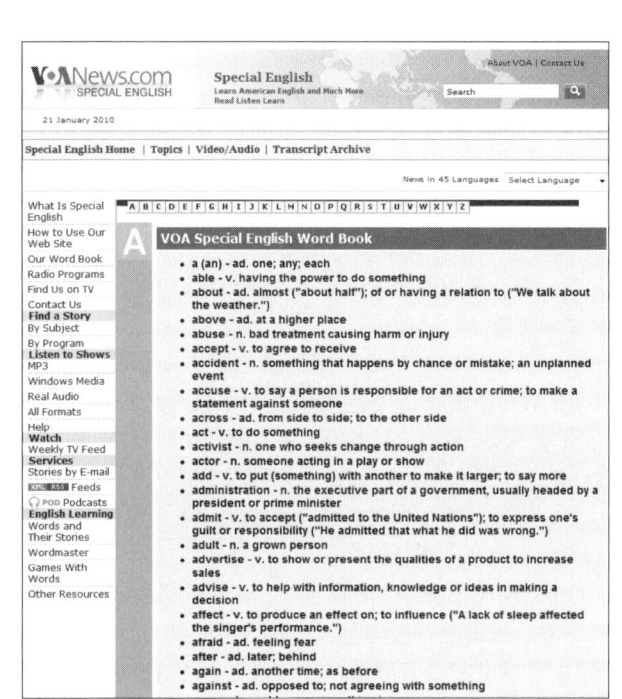

【Our Word Book】 http://www.voanews.com/specialenglish/wordbook-a.cfm】
VOAのニュース・サイトの中にあるコーナー。ニュースによく出てくる単語の意味や使い方が説明されていて、時事英語に強くなりたい人に役立ちます。また言葉の定義の仕方についても、英語的な発想が身につけられ、ライティングのヒントになります。

ゲームを使って楽しもう！

　単語との出会いは「一期一会」ならぬ「一語一得」。これが私の持論です。新しい言葉に出会ったら、そのつど覚えるのがボキャブラリーを増やす道なのです。

　日本人の場合、一般的には、「スペルを見れば意味の分かる単語数」passive vocabularyと「耳で聞いて意味が分かる単語数」active vocabularyのギャップが大きすぎるように思います。

　これも、学校英語でひたすら目から英語を入力してきたことが影響しているのかもしれません。英語でコミュニケーションをとれるようになるには、目で見るのと同じくらい、耳で聞いて書くことも重要です。

　それに、同じ単語を覚えるなら、より実用的で実践的な方法のほうがいいですよね。

　長期記憶に定着させるという意味でも、単語は視覚だけに頼って覚えるのではなく、聴覚や触覚も動員して覚えたほうがよいのです。

　VOA Special Englishのサイトには「Games With Words」というコーナーがあります。ゲーム形式で単語を覚えるコーナーで、複数の感覚器官を動員して単語を覚えるしくみが採用されています。

　「Spelling/Vocabulary Quizzes」は、単語の意味を読んで、その意味に当てはまる単語をキーボードで入力するクイズ。正解の最初と最後の文字はあらかじめ表示されているので、それほど難しくはありません。

　また、タイピングして答えるクイズなので、視覚、触覚が働きます。正解するとサウンドが鳴ったり、正

解率が表示されたりと、楽しく続けられる工夫も施されています。

　複数の感覚器官を動員して英語を記憶する仕組みという意味では、任天堂DSの英語ソフト「えいご漬け」と同じです。任天堂DSは、目で見てタッチペンで書いて、さらに音声も聞けるようになっている、優れものですが、DSを買わなくても、このサイトでは無料で同じようなゲームが体感できます。

　ただ「Games With Words」は単語の音声が聞けないのが惜しい点ですが、何といっても無料ですから大目に見てください。

慣れたらVOA Newsへステップ・アップ！

　VOA Special Englishに慣れて、次のステップに進みたいと思ったら、本家本元のVOA Newsにアクセスしてみましょう。

　スペシャル・イングリッシュにくらべれば音声のスピードは速いのですが、こちらもはっきりと発音してくれるので、聞きやすいと思います。スクリプト（原稿）もダウンロードできるので便利です。ニュースの種類もこちらのほうが圧倒的に多いですし、より興味のあるニュースを教材にできるメリットがあります。

　ただ、日本人の平均的英語レベルを考えると、断然Special Englishのほうがおすすめです。Special EnglishをベースにVOA Newsはチラリとのぞく、という程度にしたほうが、挫折しにくいと思います。

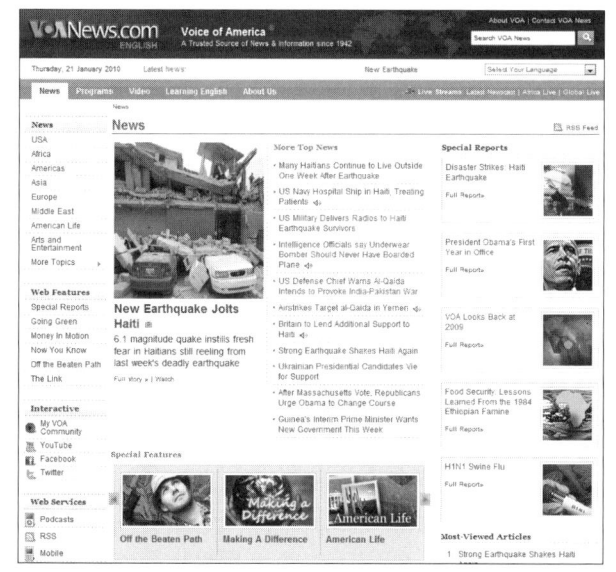

第3章 ニュース・サイトは難しくない

【**VOA News** http://www1.voanews.com/english/news/】
日本語の新聞、TVなどで、あらかじめニュースの内容について把握しておいたほうが、理解度が高まり、無理なく続けられます。

2. 今使える英語をすぐに身につける

> **Q** ‥‥‥ 英語の文学書よりニュースで学ぶほうが効果的なのですか？

> **A** ‥‥‥ ニュースは今の英語が学べる題材です。文章が短く簡潔であるのもメリットです。

生きた英語を学べるテレビ・ニュース

　日本語が話せるようになりたいと思っている外国人におすすめの教材を聞かれて、『源氏物語』や『草枕』をすすめる人はあまりいないと思います。

　作品にもよりますが、文芸書は一般的に文章の格調が高すぎたり、比喩表現が多かったりで、英語に不慣れな人が読むには難解であるといえます。それにページ数が多い小説は、読み切るのに時間がかかるのも難点です。

　シェークスピアを読むことは教養としてはすばらしいのですが、実用英語を身につけたいなら、ニュースで英語を学んだほうが、むしろメリットは多いのです。

　なんといっても、ニュースなら今、実際の社会で使われている英語に触れることができます。たとえば世界的に感染拡大した新型インフルエンザはswine flu （swineは「豚の」という意味の形容詞）です。ニュースで頻繁に登場していますが、過去の名作品ではめったにお目にかかることのない言葉です。

とっつきやすさは重要なポイント

　同じニュースでも、新聞の記事は文章の格調が高く、構文も複雑で、とっつきにくいものです。それにくらべてラジオやテレビのニュースは、スクリプトが簡潔で、読みやすいのが魅力です。ワンセンテンスが短く、頭から聞いて分かる文章がほとんどです。

　1つのテーマの文章量が短いのも、ニュースのスクリプトのよい点です。新聞の論説ですと、長くて読むのに時間がかかりますが、ニュースの記事なら1、2分でワンテーマが完結するので、繰り返し聞いてヒアリングの訓練をするのにも好都合です。

英語ニュースで世界が広がる

　世界では毎日いろいろなことが起こっていますが、日本のメディアで取り上げられているのは、ごく一部のニュースだけです。とくに、中東やEU、アフリカなど、アメリカ以外の国々の動きについて、報道が少なすぎるように思います。

　インターネットなら、日本のメディアが取り上げていないニュースでも、自分で取りにいけます。新聞の隅に小さく書かれたニュースを深掘りして調べることもできます。

　日本で海外ニュースといえば、日本企業や日本の政

治家が海外から批判されているニュースばかり取り上げるイメージがありますが、海外メディアに日常的に触れていると、日本の普通の姿も、わりと頻繁に報道されていることに気づきます。

　海外のメディアが日本に興味を持ってくれていることを知るのはうれしいことですし、日本の政治・経済がどう見えているのかを知るのは楽しいことです。海外ニュースを見ることは、日本の社会を外から見る、新たな視点を得ることにもつながるのです。

CNNの10分間ニュース

　海外ニュースというとCNNが有名です。CNNのサイトは初心者には少々ハードルが高すぎる気もします。とはいえ、ニュース映像が豊富で、内容も興味深いものが多いのはさすがです。

　肩肘張らず、英語に触れられればいいという気持ちで眺めるには、よいサイトだと思います。

　CNNがもうちょっとやさしければなぁと思う人は、「CNN Student News」にアクセスしてみるとよいでしょう。

　CNN Student Newsはアメリカの中・高生のための10分間ニュースです。

　アナウンサーの話す速度はゆっくりとはいえませんが、発音は比較的はっきりしています。スクリプトも公開されているので、中級レベルの人がリスニング力をアップさせるための学習教材として推薦します。

第3章 ニュース・サイトは難しくない

【CNN Student News http://edition.cnn.com/studentnews/】
24時間ニュース専門チャンネルCNNの速報性はすばらしいのですが、いきなり挑戦するのはおすすめしません。リスニング力をつけるためにも、まずはStudent Newsからトライして、徐々にステップアップしてください。

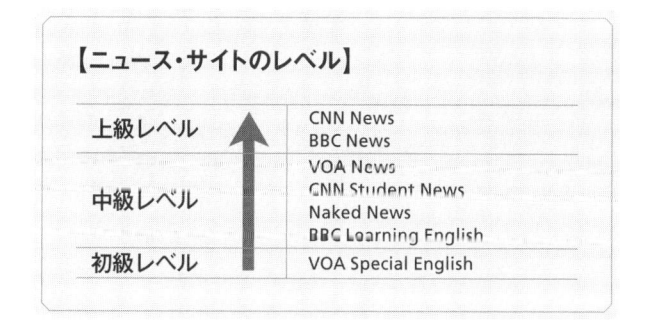

【ニュース・サイトのレベル】

上級レベル	CNN News BBC News
中級レベル	VOA News CNN Student News Naked News BBC Learning English
初級レベル	VOA Special English

裸のお姉さんがニュースを読む驚きのサイト

 日本語のニュースでさえめったに見ないのに、英語のニュースなんてなおさら見ない！という人。裸のブロンド美女がニュースを読む番組ならどうでしょう？ちょっと見てみたい、と思いませんか？

 第2章でも触れた「Naked News」はカナダ・トロントでつくられているニュース番組です。ゴージャスなアンカーの女性が、なんと！着ている服を脱ぎながらニュースを読むという驚きのニュース・サイトです。

 ボディコンスーツに身を包んだキャスターが、ニュ

【Naked News　http://www.nakednews.com/】
文字通り「Nothing to hide」(何も隠さずに)報道する異色のサイト。ヒアリングにも、ニュース英語を習得するのにも効果的ですし、なんといっても楽しく英語に触れることができます。ゲームや映画の紹介なども充実しています。

ースを読みながらスーツの上着を脱ぎ、スカートを脱ぎ、とうとう下着まで全部脱いでしまいます。

　最後は素っ裸でニュースを読み上げて、1つのニュースが終わります。そう。この番組は、ニュースに関心がない人にニュースを見てもらうために、女性キャスターが、まさに一肌脱いでいるのです。

　おふざけの番組と思うかもしれませんが、ニュースの内容はいたって真面目。英語のクオリティも高く、アンカーマンもよく訓練された人ばかりです。

　海外メディアからの評価も高く、タイム誌など、「Naked Newsは大西洋の西側で最高の国際的な報道をしている。裸の部分はオマケにすぎない」と絶賛しています。

　学習教材としての英語のレベルは、中級と上級の間くらいだと思います。Naked Newsには有料サイトもありますが、YouTube、facebookで短いバージョン（露出度もひかえめ）が無料で見られるので、英語の勉強のためならそれで十分でしょう。

　ちなみにNaked Newsには日本版もありますが、残念ながらこちらは本家とくらべるとニュースの質が断然落ちるので、別ものと考えたほうがよさそうです。

3. 日本にいながらにして英国留学を体験!!

Q ……日本にいてブリティッシュ英語を学ぶことはできる？

A ……もちろん、できます！ 英国BBCの英語学習者向けサイトから入っていくと、よいでしょう。

国や地域で英語は変わる

アメリカ英語ではあまり使わないけれど、ブリティッシュ英語では好んで使われる英語表現があります。

たとえばlovely。英国人は楽しい、ありがとう、すてきなど、なんでもlovelyで表現します。「天気がいいね」は「It's lovely today.」。おつりがぴったり合っただけで「Lovely！」と言うこともあります。

bloodyも英国の人は好んで使います。ひどい、とか、すごいなど強調したいときにアメリカ英語ではveryを使いますが、英国ではbloodyなのです。

indeedを多用するのも英国風です。アメリカ英語ではyesをyeahと使いますが、英国の人はよく、Yes, indeedなどと言います。丁寧で、ちょっともってまわった感じが英国調なのです。

ブリティッシュ英語のニュアンスを知る

　ブリティッシュ英語独特のニュアンスは、実際に住んでみないことにはなかなか分かりづらいものです。でも、そういうブリティッシュ英語のニュアンスがそのまま感じられるサイトがあります。それが、BBC（英国放送協会）が提供している「BBC Learning English」。

　このサイトは、厳密に言うとニュース・サイトではなく、ノン・ネイティブのための英語学習プログラムです。英国の語学学校が提供している体系的なプログラムが、そのまま公開されているような趣向で、幅広いテーマを扱い、初級者にも分かりやすいように説明が工夫されています。

　日本にいながらにして、英国への語学留学を体験できるサイトといっても過言ではないでしょう。

英国留学生活が体感できる動画

　BBCのサイトには、さまざまなコーナーがあり、それぞれ楽しみながら、英語に触れることができます。

　たとえば、イギリスに語学留学できたらいいなぁと思う人は、「The Flatmates」のページにアクセスしてみてください。ここでは、実写風アニメでロンドンでの留学生活が疑似体験できます。

　「The Flatmates」は同居人という意味のタイトルで、ポーランドからの語学留学生Michalとその同居人たちの人間模様を描いたマンガ風ドラマです。実際、ロンドンは物価が高いので、留学生が何人かでアパート（英国ではflatと言います）をシェアするのは一般的

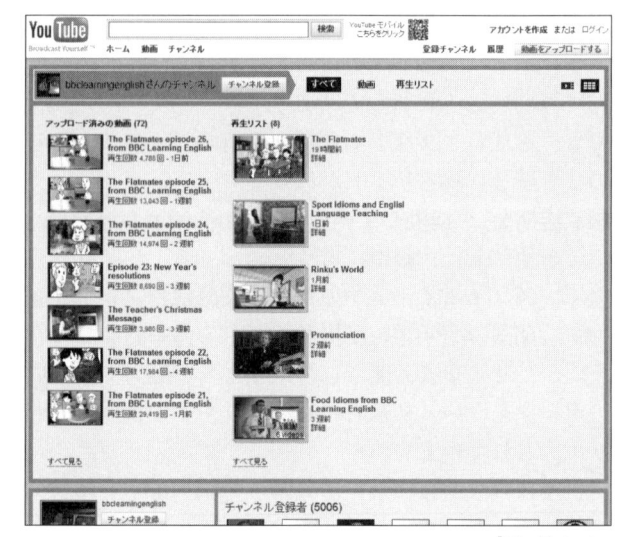

【The Flatmates
http://www.youtube.com/user/bbclearningenglish#p/a/u/0/nd_TI0ml_F8】
BBCの中のこのサイトは実写風のアニメドラマ。ロンドンでの留学生活を疑似体験でき、テキストを見ながら若者・学生が使う生きた英語を学べます。

なことなのです。

　実写とアニメーションが組み合わさっていて、住んでいる部屋の感じや喫茶店の雰囲気などもよく伝わります。登場人物のセリフが英語のふきだしで出るので、耳で聞いて目で見て英語を覚えることができます。また、1話が1分程度と短いので繰り返し見るのにも便利です。

　そして、短いスキットを繰り返し聞くなら、「6 Minute English」のコーナーも優れています。

　このページのコンテンツは、まさに「6分間」で完

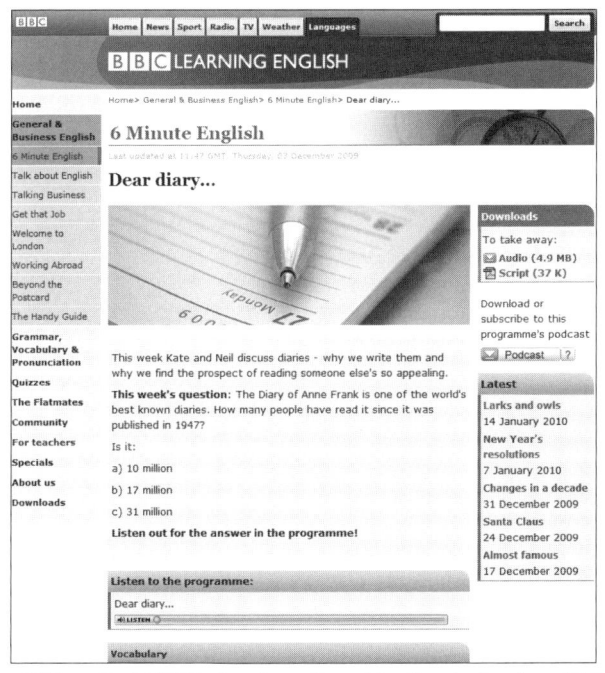

【6 Minute English（BBC）】 http://www.bbc.co.uk/worldservice/learningenglish/general/sixminute/2009/12/091203_6min_diaries_page.shtml 】
BBCのサイトの1コーナー。6分間で完了する登場人物同士の短い会話やクイズを繰り返し聞くことで、時事英語を身につけ、表現力をつけるのに役立ちます。

結する英語講座。続けなければならないというプレッシャーを感じることなく、ネット・サーフィンの一環で気楽に受講できます。もちろん。音声とスクリプトは、サイトからダウンロードできます。

ブリティッシュ英語の発音をマスター

英語はアメリカ、英国、オーストラリアなど国や地域によって発音が微妙に違います。canはアメリカではキャンと聞こえますが、英国ではカーンと聞こえるのはよく知られていることでしょう。

社会階級が根強く残る英国では、言葉を聞けばその人の出自が分かるとまで言われます。オックスフォード大卒の人気俳優、ヒュー・グラントとサッカー選手のベッカムの英語を聞きくらべると、ずいぶん音の感じが違いますね。

そういうことを知らずにやみくもに英語を学ぶと、ネイティブと英語を話すたびに「あなた、誰に英語を学んだの?」と聞かれる結果につながりかねません。

英語を学ぶなら、なるべく美しい発音を身につけたいものですが、BBCの「Improve Your Pronunciation」という動画では、ブリティッシュ英語の発音を、口もとのアップ映像も交えながら女性の先生が懇切丁寧に教えてくれます。

この動画を見ると、オードリー・ヘップバーンの主演映画『マイ・フェア・レディ』を思い出してしまうのは私だけでしょうか。

『マイ・フェア・レディ』はヘップバーン演じる粗野な花売り少女が、言語学者の先生の指導を受けて、美しい英語を話す淑女に生まれ変わる物語です。言語学者の先生はヘップバーンの口に指を突っ込んだり、舌をべーと出させたりして、美しい発音を覚えさせようとします。

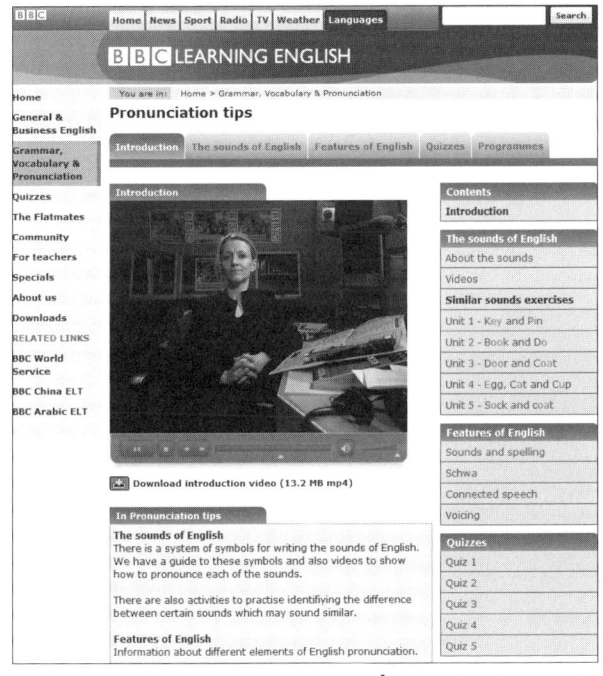

第3章 ニュース・サイトは難しくない

【Improve Your Pronunciation
http://www.bbc.co.uk/worldservice/learningenglish/grammar/pron/】
ヒアリングの基礎を学びたいならBBCのこのサイト。こういう発音指導のすばらしい無料サイトがあるのですから、発音記号に頼る必要はないのです。

この動画の先生はそんな乱暴なことはしませんが、ブリティッシュ英語が話せるようになりたい！という人には見逃せないサイトだといえるでしょう。

英国企業に転職したい人必見

ビジネスマンであれば、BBCの「Get That Job」の

コーナーが興味深いと思います。これは仕事の探し方から履歴書の書き方、面接でよく聞かれる質問など、英国スタイルの就職活動マニュアルが紹介されているサイトです。ビジネスパーソンにとっては身近な話題であり、英語であっても理解しやすいはずです。外資系企業などへ就職・転職を希望する人には、直接役に立つ情報が詰まっています。

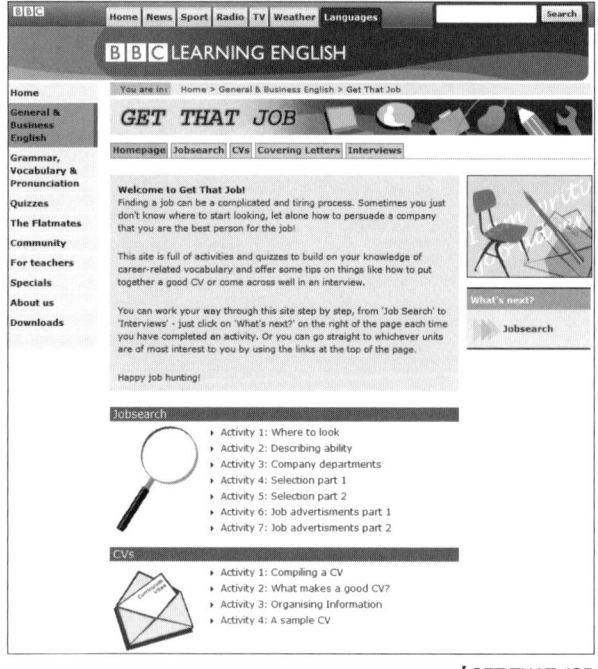

【GET THAT JOB
http://www.bbc.co.uk/worldservice/learningenglish/business/getthatjob/】
BBCのサイトの中の1コーナー。英国の人たちの就職活動のやり方を分かりやすい英語を使って紹介しています。英文で履歴書を書くときの参考にもなります。

Column　**本間正人の英語学習体験③**

■松野守峰先生の指導

　私にとっての英語の師は、松野守峰先生。現在も30年前もあまり容姿が変わらない不思議な方(?)ですが、英語学習に対する情熱、熱心さが桁はずれなのです。

　当時の毎週1回のレッスンは、FEN（現在のAFN）のラジオテープを使ったり、新聞や雑誌を使ったり、毎回が真剣勝負なのです。

　たとえばFENのラジオテープを聞いて、「今なんて言った?」と生徒に答えさせる。「正解」となるまでいろんな生徒に質問をぶつけ、繰り返し聞くといった授業スタイルでした。講師はあまり予習できないので、よほど自信がなければできないこと。

　しかも、毎週、紀伊國屋書店の紙袋いっぱいに新しい洋書を買い込んで、その情報を私たちに惜しみなくシェアしてくださるのです。

　さらに2時間のレッスンが終わった後、夜9時半を過ぎているにもかかわらず、有志を募って、喫茶店やとんかつ屋で、無料で勉強会を開いてくださいました。

　最初は、エラリー・クイーン Ellery Queen の推理小説、その後、「Asahi Evening News」に載っていた William Safire の「On Language」というコラムを読んだり、「Browser's Dictionary」という辞書を読んだり、きわめてチャレンジングな内容でした。

　英語学校の講師と生徒というよりは、「師匠と弟子」とい

う関係にしていただいたことが、何よりも感謝していることです。松野先生のホームページ(http://www.matsunoshuho.com)も見てください。

　2010年2月現在、amazon.co.jpでは先生のご著書が36冊出てきますが、どれもこれも力作揃い。「英語の鉄人」とも言うべき方です。

　今年からは、アメリカの国営ラジオ放送であるnpr (National Public Radio)を使った英語講座も開講される予定です。少しレベルは高いですが、本気で英語が学びたい人にはおすすめです。

【npr　http://www.npr.org/】

nprは、NHKの教育チャンネルに少し似ていて、美術、音楽、本などの文化的情報も充実しています。

第4章 ビジネス書で英語力を磨く秘訣

洋書のエッセンスを
インターネットで拾い読みしよう!!

1. ビジネス洋書は英語の学習資源

> **Q** …… 洋書で無理なく英語力をつけるにはどうしたらいいのですか？

> **A** …… 日本語で読んだことのある作品なら、途中でつまずくことも少なく、最後まで読み通すことができます。

洋書を読み切ると自信がつく

　昔にくらべると、日常生活で英語に触れる機会は格段に増えたといえるでしょう。しかし、普通に生活しているだけでは、英語を使う場面に出くわすことは、まだまだ多くありません。

　たとえばスーパーで買い物をしたり、レストランで食事をしたりするときに、英語を使う機会でもあれば、英語を学ぶ喜びが日常的に感じられるものなのですが、今の日本ではまだまだ実践の場が少ない。

　ならば、その機会が来るのを待っているのではなく、自ら意識して実践の場をつくってしまいましょう。

　洋書を読むことは、英語を使って何かをする場面を人工的につくり出すことでもあります。

　英語の本を読んで、意味が分かると、自分の勉強は

ムダではなかったとうれしくなってくるものです。1冊読み切ったなら、英語に対する自信も芽生えます。そういう小さな成功体験を積み上げていくことが、英語学習のモチベーション維持につながるのです。

洋書を手にしたら、途中で投げ出さず、ぜひ、最後まで読み通していただきたいと思います。本を読み切るコツは、読み始めたら最後まで一気に読んでしまうこと。たとえ洋書でも、1冊の本に時間をかけすぎないことです。

ですから、英語に慣れていない人は、なるべく薄くて文字サイズの大きい本を選んでください。かといって、子ども向けの絵本ばかり読んでいるわけにはいきませんし、洋書といえばペーパーバックなども読んでみたいものです。

そこでおすすめしたいのが、「日本語で読んだことのある本を英語で読む」という方法です。

「ハリポタ」の原書は挫折しやすい

一度読んだことのある本であれば話の流れが分かっているので、知らない単語や、少々難解な構文が出てきても、そのまま読み進めていくことができます。どうしても分からない部分は、日本語版に戻って確認すればいいので、最後までページをめくり続けることができるでしょう。

ただし、日本語で読んだことのある本を英語で読む学習法には困った点があります。それは、日本語で読みやすい本が必ずしも英語で読みやすいわけではない、

という点です。

　たとえばシドニー・シェルダンの『真夜中は別の顔』などは、「超訳」といわれているように、日本語版のほうが原書よりはるかに読みやすくなっています。

　ハリー・ポッターシリーズも、英国で生まれ育った人でないと理解しにくい表現が多いですし、魔法合戦のシーンなど、どれが本当の英語で、どれが作者のローリング氏の造語なのか区別がつきません。

　日本語版や映画を見た人が安易な気持ちで原書を読もうとすると、挫折しやすい本だと思います。

原書のほうが読みやすい場合も

　逆に日本語版より原書のほうが読みやすい本もあります。その代表例がピーター・センゲ博士の名著、『The Fifth Discipline』です。個人が学ぶだけでなく「組織も学習する」というテーマで、その実践法を書いた本として、アメリカでベストセラーになりました。

　ビジネスで重要なテーマを書いた本なのですが、じつは日本ではあまり話題になりませんでした。私は、日本語版の分かりにくさが原因なのではないかと思っています。

　また、日本語版のタイトルが『最強組織の法則』であることに違和感を覚える人も多かったと思います。著者は本の中でそんなことを、ひと言も言っていないのです。

　英語が少しできる人であれば、英語版を読んだほうが、すんなり理解できる本の1つです。日本語版で挫

折した人も、ぜひ、チャレンジしてみてください。

世界的ベストセラーのビジネス書を読む

　一般に、世界何十カ国で翻訳された世界的な大ベストセラーのビジネス書は、読みやすい英語で書かれている場合が多いようです。

　たとえばスティーブン・コビーの『7つの習慣』の原書『The 7 Habits of Highly Effective People』は、初心者でも読みやすい本です。

　この本は1989年に初版出版後、37カ国語に翻訳され、1500万部以上を売り上げています。マネジメン

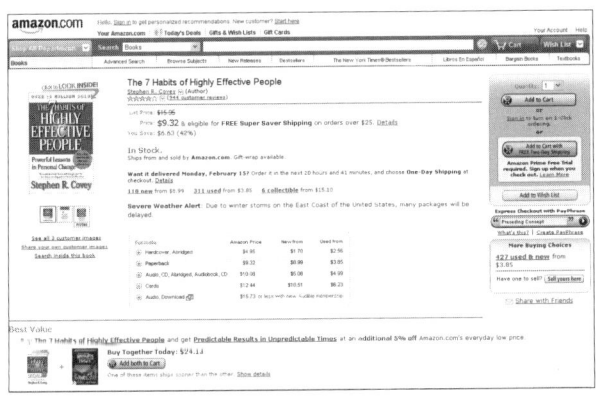

【The 7 Habits of Highly Effective People/Stephen R. Covey
http://www.amazon.com/dp/0743269519/ref=sr_1_1?ie=UTF8&s=books&qid=1265627822&sr=8-1】

amazon.comの販売サイトでは、左上のLOOK INSIDE!で本文の一部を見ることができるうえ、Editorial ReviewsやCustomer Reviewsでこの本の評価を確認できます。短時間にエッセンスをつかむのに効果的です。1冊読み切る自信がない初心者は、LOOK INSIDE!だけでも十分です。

ト層を中心にビジネス界にも大きな影響を与えた本で、まさに世界的大ベストセラーです。

　これ以外にも英語で読みやすい本はたくさんあります。調べる方法として、英語版アマゾンのレビュー数も参考になります。ネイティブが読んで難解な本は、それほど売れないもの。一般にコメント数が多い本は多様な層に読まれている本なので、読みやすい場合が多いはずです。

　また、私のホームページ（http://www.learnology.co.jp/eigo/）でも、英語学習におすすめの洋書をリストアップして紹介していますので、参考にしてください。

アマゾンで本のエッセンスを拾い読み

　日本版アマゾンで販売している本の中には、「なか見！検索」という、本文の一部を拾い読みできるサービスが付いている場合があります。それと同様のサービスが米国版のamazom.comにもあります。「LOOK INSIDE!」という機能です。

　洋書を買う前に、「なか見！検索」「LOOK INSIDE!」で目次や本文の一部をチェックして、英語のレベルが自分と合っているかを確認してから買うのは、賢い方法といえるでしょう。

　たとえば、先ほど紹介したスティーブン・コビー氏の『7つの習慣』の原書は、アマゾンの「なか見！検索」で目次が見ることができますし、本文の一部も試し読みができます。『7つの習慣』の場合は、目次やプロロ

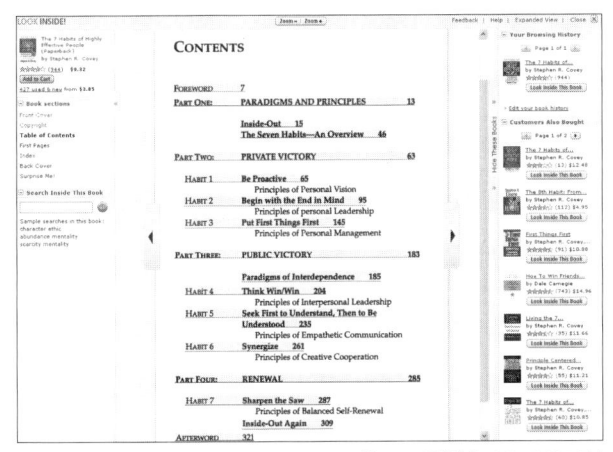

第4章　ビジネス書で英語力を磨く秘訣

【『7つの習慣』「LOOK INSIDE!」
http://www.amazon.com/reader/
0743269519?_encoding=UTF8&ref_=sib_dp_pt#reader_0743269519】
LOOK INSIDE!のページでは、目次やまえがき、索引などを見ることができます。
全体の内容がつかめるうえ、ライティングの際の英語の箇条書きや、見出しのつけ方の参考になります。

ーグなど約30ページが公開されています。

　洋書に興味はあるけれど、買っても最後まで読み切る自信がない人、あくまでお金をかけずに英語を勉強したい人は、この試し読みの部分だけでも十分価値があるかもしれませんね。

　さて、インターネットで原書の目次を手に入れたなら、そこでちょっと英語の勉強をしてみましょう。

　目次をプリントアウトして日本語版と照らしあわせてみてください。ここでは例として『7つの習慣』の目次の英語版と日本語版をくらべてみます。

Habit 1　Be Proactive
（第1の習慣　主体性を発揮する）

Habit 2　Begin with the End in Mind
（第2の習慣　目的をもって始める）

　「Proactive」は「自分から動く」という意味です。中学や高校の教科書にはほとんど出てこない単語ですが、ポジティブな表現をしたいときに使える単語の1つです。

　「End」は「終わり」だけでなく、「目的」という意味もあるのが分かりますね。

　これらのフレーズは、原文をそのまま直訳した場合にはなかなか出てこない、いかにもネイティブっぽい表現です。ビジネスの現場でもよく使われるフレーズですから、覚えておくと必ず役に立つと思います。

ウィキペディアで本のエッセンスを拾い読み

　ウィキペディアWikipediaはネット上のフリー百科事典です。約260の言語版があり、項目数は1000万以上に上ります。

　ウィキペディアで知らない言葉の意味を調べたことのある人は多いと思います。でも、「本の中身」を調べたことのある人は少ないのではないでしょうか。洋書のエッセンスを知りたいとき、ウィキペディアの英語版で検索すると、要約が見られる場合があります。

　たとえば、ビジネス書の名著、『人を動かす』を英

語版ウィキペディアで検索してみましょう。

デール・カーネギー(ニューヨークのカーネギー・ホールの設立者でもある鉄鋼王のアンドリュー・カーネギーとは別人です)が書いた『人を動かす』は、1937年の発売以来、世界で1500万部を売り上げ、今もなお売れ続けている大ベストセラーです。『人を動かす』の原題、『How to Win Friends and Influence People』は、直訳すれば「友だちをつくり、人に影響を与える方法」です。『人を動かす』、という日本版タイトルは、著者の伝えたかったことをより正確に表現した名訳といえますね。

ウィキペディアには大きな章立てのタイトルと、各章の内容のポイントが出ていて、原書に出てくる「肝の言葉」は、ほぼ網羅されています。たとえば……

Don't criticize, condemn or complain.
(批判も非難もしない。苦情も言わない)
Talk in the terms of the other man's interest.
(相手の関心を見抜いて話題にする)

このような「肝の言葉」やこの本に出てくるさまざまなフレーズも、先に紹介した『7つの習慣』と同様、ビジネスのさまざまなシーンで引用されています。いまだに企業研修でこの本を利用する企業も多く、それだけ世界のビジネスパーソンに親しまれている本なのです。

『人を動かす』の原書を読んで、主要な言葉、フレ

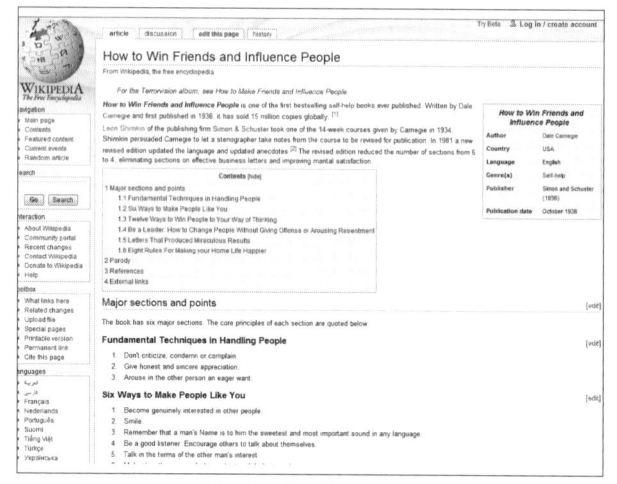

**【ウィキペディア『人を動かす』(デール・カーネギー著)
原題:How to Win Friends and Influence People/Dale Carnegie**
http://en.wikipedia.org/wiki/How_to_Win_Friends_and_Influence_People 】

今後、電子書籍が普及するのは確実です。本の内容をネット上でつかむ習慣を、今から始めておくとよいでしょう。さらには、英文を書き写すことで、短いフレーズで文章をまとめる力もつきます。

ーズを覚えることは、ビジネス界で使われている共通言語を学ぶことにもなります。つまり、文学書を読むよりビジネス書を読んだほうが、ビジネスやTOEIC®テストで使用頻度の高い英語に触れられるのです。

ビジネス書のキーワードは世界共通言語

ビジネスのパーティー・トークでは、今売れている本のことが話題になることがあります。

世界的ベストセラーのビジネス書は、アメリカ、インド、韓国、イタリアなど世界中のビジネスパーソン

が読んでいますから、共通の話題になりやすいのです。

　話題の本に出てくる新しい表現などは、ビジネス界の流行語のようになっていて、プレゼンテーションの際のフレーズやビジネス・レポートなど、あちこちで引用されます。

　たとえば、「ブルー・オーシャン戦略」という言葉は、『ブルー・オーシャン戦略』(W・チャン・キム、レネ・モボルニュ著)というビジネス書がヒットして、世界共通語になりました。

　「ブルー・オーシャン戦略」とは、青い大海原をゆうゆうと進む船のように、競争のない新たな市場空間を創造する企業戦略のこと。たとえば、任天堂のWiiのように、競合商品のない大ヒット商品について語るとき、「ブルー・オーシャン戦略」という言葉がよく使われます。

　対義語の「レッド・オーシャン」(企業同士が血みどろの争いを繰り広げる市場空間)とともに、今ではさまざまなビジネスシーンで目にする言葉になりました。

　『ブルー・オーシャン戦略』の原書、『Blue Ocean Strategy』は、英語のレベルが高くページ数も多いので、英語に不慣れな人が1冊読み切るのは少々大変かもしれません。

　英語版ウィキペディアには、『ブルー・オーシャン戦略』の原書、『Blue Ocean Strategy』のハイライトが詳しく出ています。原著を実際に買わなくても、英語初心者には十分すぎる量の要約が手に入れられます。

**【『ブルー・オーシャン戦略』W・チャン・キム、レネ・モボルニュ著　
原題：Blue Ocean Strategy/ W. Chan Kim and Renée Mauborgne**
http://en.wikipedia.org/wiki/Blue_Ocean_Strategy】

この本の場合には、事前にWikipedia日本語版と、ランダムハウス講談社が設けている概要サイトに目を通しておくと、英文の内容が理解しやすいでしょう。Wikipedia英語版とくらべることで、ネイティブの表現方法が身につき、さらに日本語文を英訳する力をつけるのにも役立ちます。

著者のホームページで本のエッセンスを拾い読み

よく、英語は日本語にくらべて、微妙なニュアンスが表現しにくい、などといいますが、そんなことはありません。

同じ意味の言葉でもちょっとしたニュアンスの違いで、ポジティブになったりネガティブになったりするのです。

日本でも大ヒットした『金持ち父さん　貧乏父さん』の原書を読むとそのことがよく分かります。

同じ現象を表現するのに、金持ち父さんと貧乏父さんでは使うフレーズがまるで違うのです。

著者のロバート・キヨサキ氏のホームページ「RICH DAD」（http://www.richdad.com/RichDad/RichContent.aspx?cpid=5）には、金持ち父さんと貧乏父さんの状況のとらえ方と表現の仕方の違いを比較した表が出ています。

微妙な英語表現の違いを学ぶ良い教材なので、その一部をちょっとここでご紹介しましょう。

すごく高価なものを目の前にしたとき
貧乏父さん
I can't afford it. 「私には買えない」と嘆く
金持ち父さん
How can I afford it? 「どうしたら買えるだろう」と考える

このようにわかりやすく対比してもらえると、英作

Poor Dad vs. Rich Dad	
My Poor Dad Said	My Rich Dad Said
"My house is an asset."	"My house is a liability."
Rich dad says, "If you stop working today, an asset **puts** money in your pocket, and a liability takes money from your pocket. Too often people call liabilities assets. It's important to know the difference between the two."	
"I can't afford it."	"How can I afford it?"
The statement "I can't afford it" shuts down your thinking. By asking the right question, you mind opens up and looks for answers.	
"The reason I'm not rich is because I have you kids."	"The reason I must be rich is because I have you kids."
"I'm not interested in money."	"Money is power."
"When it comes to money, play it safe - don't take risks."	"Learn how to manage risk."
"Pay myself last."	"Pay myself first."
Rich Dad always took a percentage off the top of any income he earned. He put that money into an investment account that went toward purchasing his assets. Poor Dad spent all his money first and never had any remaining for investments.	
Believed that the company you worked for or the government should take care of your financial needs.	Believed in financial self-reliance and financial responsibility.
Focused <u>only</u> on academic literacy.	Focused on financial literacy <u>as well</u> as academic literacy.
Learned only the vocabulary of academia.	Learned the vocabulary of finance – "Your words are the most valuable tools you have."
"I work for my money."	"My money works for me."
Thought that making more money would solve his financial problem.	Knew that financial education was the answer to his financial problems: "It's not how much money you make that's important – it's how much money you keep and how long you keep it."

【**RICH DAD** http://www.richdad.com/RichDad/RichContent.aspx?cpid=5】
キヨサキ氏の日本語のサイト(http://www.richdad-jp.com)にも同じような表がありますので、くらべてみるのもよいでしょう。パンチの効いた短い決めゼリフはライティングの参考になります。

文を書くときに言葉の選び方の参考になりますね。
　このホームページでは、雑誌やインターネットのサイトなどで最近掲載されたキヨサキ氏の記事のコピーも読むことができます。
　『金持ち父さん　貧乏父さん』の愛読者やロバート・キヨサキ氏のファン、お金に興味のある人、ファイナンスの知識を身につけたい人は、このホームページは絶好の学習教材になるでしょう。

2.著者の肉声を聞いてみよう!

> **Q** 読まずに、聞いて英語を身につけられる?

> **A** Audio Bookなら、車を運転しながらでも、ビジネス書の内容が頭に入ります。

オーディオ・ブックで脳を活性化

　前にも紹介しましたが、Audio Bookについてもう少し詳しく説明しましょう。

　Audio Bookは、アメリカではとてもメジャーな存在で、本の出版と同時にAudio Bookが出ることもめずらしくありません。最近は日本でも、Audio Bookのファンが増え、種類も豊富になってきたようです。

　Audio Bookにはプロのナレーターが朗読しているものもあれば、本の著者が自分で音声を吹き込んでいるものもあります。著者の肉声で吹き込まれたものを聞くと、著者が本の中で強調したかった部分がよく伝わりますし、著者の人柄やユーモアを感じることもあります。

　オバマ大統領のchangeのように、思い入れのある言葉を発音するとき、エネルギーレベルが上がるのは

ノン・ネイティブでも十分感じられます。

　ただし、著者によっては早口だったり発音が不明瞭だったりと、英語が聞きにくい場合があります。本の内容がそのまま音声になったものでなく、要約が吹き込まれているものも、ときおり耳にします。Audio Bookは試聴してから買うのがベストでしょう。

本を読んだ経験をマルチメディアに展開

　Audio Bookを買うお金さえ惜しいという人は、YouTubeなどインターネットで著者の動画を検索してみてはどうでしょう。

　著者が開催しているセミナーの様子やインタビュー映像などがアップロードされている場合があります。

　たとえば、日本版アマゾンには、『天才！　成功する人々の法則』の著者、マルコム・グラッドウェル氏のインタビュー動画がアップされています。今人気の経済評論家でこの本の訳者でもある勝間和代さんが、著者にインタビューしている動画です。

　マルコム・グラッドウェル氏は、超有名人から普通の人までたくさんの人に話を聞いて、本を書くことで有名です。

　広いおでこに、もじゃもじゃ頭の風貌。いかにもインテリっぽいのに、茫洋とした雰囲気も併せ持つ人だから、いろいろな人からさまざまな話を聞き出せるのかな、などと思ったりします。

　それに、勝間和代さんが英語を話す姿を見る機会は限られているので、たいへん貴重です。

第4章 ビジネス書で英語力を磨く秘訣

【『天才! 成功する人々の法則』マルコム・グラッドウェル著
原題:OUTLIERS THE STORY OF SUCCESS/written by Malcolm Gladwell
http://www.amazon.co.jp/dp/4062153920】

勝間さんが著者のマルコム・グラッドウェル氏へインタビューする映像が見られます。会話の中に出てくるキーワードを見つけ出すトレーニングにもなります。

　このように興味を持って誰かの話を聞くことが、英語を聞き取る耳を育ててくれます。

本間正人の英語学習体験④　Column

■国連で働く

　東京大学を卒業後、当時、国際機関への奉職を志していた私は、松下政経塾に進みました。

　松下幸之助翁が創設したこの塾の基本方針は、「自修自得」「知徳体三位一体」「現地現場主義」。これは私が現在提唱している「学習学」を考えるベースになっているのですが、私の場合、国際連合の現場で働いたり、外務大臣・国際派エコノミストとして活躍された大来佐武郎氏の事務所で実務経験を積むことができたのが、最大の成果でした。

　政経塾の英語の試験は満点だったと、募集担当の方から伺いました。入塾してから受けたTOEIC®テストは925点くらいだったと記憶しています。

　ところが、まだspeakingは大の苦手でした。

　ハーバード大学の公共政策論の権威ゼックハウザー先生が講演にいらして、質問しようと思ったときも、英語の質問文が出てこないのです。

　通訳がいるから日本語の質問でもいいですよ、と言われていたのに、私は、「英語で質問するんだ」と意気込んでいました。ところが脂汗が出て、30秒くらいが本当にものすごく長い時間に感じられました。

　私の初めての海外生活体験は、1984年の5月から行ったウィーンの国連国際青年年事務局(United Nations International Youth Year Secretariat)での約半年間の実務研修でした。当時はまだ、国際電話も1分3000円

という、そんな時代でした。

ウィーンに行った当初は、英語の発音に自信がなかったのですが、実際は会話は何とかなりました。日本人の英語はくせが少なくて、むしろ分かってもらえる。ちゃんと通じるのです。これは発見でした。

ただ、インド人やパキスタンの人たちのなまりのきつい英語 heavy accent のヒアリングに苦労しました。ところが、heavy accent でも、彼らは英語で大学教育を受けているので、英語の文章は格調高く書けるのです。彼らと仕事をしていて愕然としたのは、ヒアリングではなく、むしろ自分のライティング能力の低さでした。

国際機関は、文書で仕事をする官僚機構なので、事務文書を書く力が要求されます。ところが、当時の私が作文しようと思うと、使える語彙 active vocabulary の量が少ないので、どうしても主語が it や there になってしまうのです（国連では I や you が主語になる文は使いません）。

ビジネスライクな文書を書くためには、「平和」「合意」など、抽象的な概念を示す言葉（抽象名詞）を主語にもってくることが必要で、そのためには動詞のボキャブラリーが豊富であることが不可欠なのです。

とくに国連のような官僚組織では、法律用語とまではいかなくとも、それに準ずるような文語的な表現が用いられます。たとえば「明確に規定する」という意味で、stipulate という動詞がよく使われます。

The agreement stipulated the following: (a) the author; (b) the year that the materials were published; and (c) the title of the Materials.

和訳：その合意文書では、著者名、文書の発行年、文書の題名を明記した。

　この他、enumerate「列挙する」、take note「この点に留意する」「特に記憶にとめておく」など、ちょっと堅めの動詞がふんだんに使われます。こうした表現を熟知していないと、日常の仕事に差し支えるので、使える動詞を増やしておく必要があるのです。当時の私は、こうしたことを十分に理解していませんでした。
　「英語のライティング能力を高めたい」、本当にそう思いました。数年後、留学を決めたのは、このときの経験が背景になっています。

第5章 いよいよ動画サイトに挑戦! 🔍

世界中の動画が見られる
YouTubeは学習素材の宝庫!!

1.YouTubeで英語力を磨く

> **Q**…… YouTubeを英語学習に生かせますか？

> **A**…… YouTubeの動画は絶好のヒアリング教材。好きな人が話す英語で聞き取り力をアップさせましょう！

憧れのあの人の英語を聞く

「外国語をマスターしたいなら、その国の人を恋人にしろ」そんな英語上達法を聞いたことはありませんか？

好きな人の話す言葉は、耳をすませて聞くだろうし、自分のこともっと知ってほしいから、なんとかして気持ちを伝えようとする。そういうマインドが、外国語を理解する原動力になるという意味なのでしょう。その意味では、恋をすることは外国語習得のための有効な方法といえます。

反対に、見たことも会ったこともない人が、まったく興味の持てない話をえんえんとするのを聞かされることほど、苦痛なことはありませんよね。

面白くもない講演テープを聞かされたら、たとえ日

本語でも、内容の半分は耳を素通りするのではないでしょうか。

それが英語ならば、なおさらです。

ヒアリング力をつけたいなら、自分が好きな人が話す英語を聞くのが一番です。

そこで活用したいのがYouTube。ここには、世界中の動画がアップロードされていますから、テレビで見損なったあの有名人のスピーチや、もうこの世にいない往年のスターの映像なども見ることができます。

名スピーチを繰り返し聞く

アップルの創設者で現CEOである、スティーブ・ジョブズ。じつは、彼は私のヒーローなのです。

彼の波乱万丈の人生、すべてを失っても再び這い上がってくる不屈の精神、ビル・ゲイツも認める天才的センスには、心から感服してしまいます(そして私のパソコンはもちろんマッキントッシュです)。

スティーブ・ジョブズが2005年に米・スタンフォード大学の卒業式で行ったスピーチは、感動的なスピーチとして広く知られています。マック・ファンの人にとっては、最高の英語教材といえるでしょう。ぜひあなたも、YouTubeで「Steven Jobs」を検索してみてください。すぐに、「Steve Jobs' 2005 Stanford Commencement Address」という動画を発見できるはずです。

ちなみに、Commencement Addressのcommenceは、始まる、始めるという意味です。addressは住所

【Steve Jobs' 2005 Stanford Commencement Address
http://www.youtube.com/watch?v=UF8uR6Z6KLc】
スティーブ・ジョブズのスピーチは英語上級者には最高の学習教材。繰り返し聞いて、ディクテーションをすればヒアリングテストに効果抜群です。

という意味でよく使われますが、式典などのあいさつの言葉もaddressといいます。

commencement ceremonyで卒業式ですから、卒業は新たな出発という意味が込められているのですね。

スティーブ・ジョブズはプレゼンテーションの名人です。このスピーチも、聴衆の心を揺さぶり、勇気を与えてくれています。

彼は自分の波乱万丈の人生を振り返り、「人生最悪の出来事と思えたことが、じつは人生最良の出来事だった」と語ります。そして、「人生で起きるすべての出来事は、いつか必ず一本の道につながる、だから、

自分の道を信じて歩いていこう」と、聴衆に訴えます。
　聴衆は拍手喝采。
　私も、はじめてこのスピーチを聞いたときは、感動でパソコンの前からしばらく動けなくなってしまいました。
　学習教材としては、この映像の英語レベルは上級者レベルです。でも、マック・ファンの人、スティーブ・ジョブズの波乱に満ちた人生について多少なりとも知識のある人なら、理解しやすい内容だと思います。
　スピーチの長さは15分程度。長いと思うかもしれませんが、聞いてみると短く感じるはずです。そのくらいすばらしいスピーチです。
　繰り返し聞けばTOEIC®テストのスコアも上がること受け合いです。

YouTubeで英語の字幕を出す方法

　YouTubeにアップされた動画によっては、音声に合わせて英語の字幕を表示させることができるのを知っていましたか？
　先ほどのスティーブ・ジョブズの映像も、英語字幕を表示させることができます。
　通常、英語の字幕は画面の後ろに隠れています。ところが、YouTubeの画面の右下の■マークを右クリックすると、「キャプション機能をオンにする」という表示が出るので、そこを選択すると、英語の字幕を出すことができます。
　一般に、アクセス数の多い動画、有名な演説・スピ

ーチの動画、ニュース映像などに英語の字幕が付いていることが多いようです。字幕付きの映像を検索したいときは、検索語の最後にsubtitlesやclosed captionと入れると、探せる場合があります。

　YouTubeにアップされている動画はもちろん、すべてが英語学習のためにつくられているわけではありません。話すスピードはネイティブ・スピードですし、会話独特の表現もあり、聞き取りにくい箇所も多いので、字幕付きの映像は貴重です。

【英語の字幕を出す方法
http://www.youtube.com/watch?v=UF8uR6Z6KLc**】**
■の部分をクリックすれば、字幕を出すことができるサイトもあります。

名スピーチを書き写す

字幕が出ない動画でも、有名なスピーチなどであれば原稿がインターネット上で手に入ることがあります。

先ほど紹介したスティーブ・ジョブズのスタンフォード大でのスピーチは、スタンフォード大学のホームページでスピーチ原稿が入手できます。

この原稿は英文エッセイのお手本のように文章構成がきれいにまとまっています。手書きでノートに書き写せば、英作文のよい勉強になるはずです。

書き写すことは、学問の作法の基本です。昔、学問の道を究めるには出家するしかなかった時代には、あ

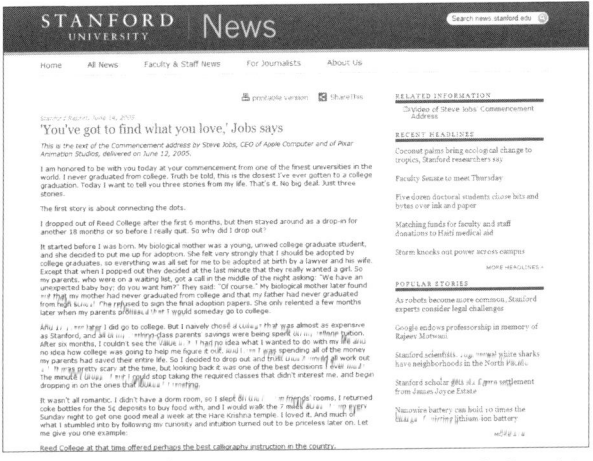

【**The text of the Commencement address by Steve Jobs**
http://news-service.stanford.edu/news/2005/june15/jobs-061505.html】
英作文のよいお手本、スティーブ・ジョブズのスピーチテキスト。このサイト(スタンフォード大学のホームページ)のテキストがもっとも信頼できます。

りがたいお経の文句を書き写して心に刻むことが、学問のベースでした。
　グーテンベルクによってドイツで活版印刷技術が発明されるまでは、聖書を手で書き写すことで、人々は、信仰を心に刻んでいました。その後、印刷技術が発達し、コピーマシーンが普及すると、本を書き写すという学習法は廃れてしまいました。でも、手で書いて覚える方法が学問の基本作法の1つであることは、やっぱり今も変わらないと思います。

2. YouTubeで挫折しない英語学習法

> **Q** …… 映像の英語スピードについていけません。

> **A** …… スクリプトの日本語訳を見ながら、ステップ・アップしていきましょう。

先に答えを見るのは悪くない

学校で真面目に勉強してきた人は、先に答えを見ることに罪の意識を感じてしまうようです。

日本語の対訳が付いている英語教材であっても、日本語訳を隠して、まずは英文から読もうとします。分からない単語や複雑な構文が出てきても、日本語訳を見ることはかたくなに拒み、辞書だけを頼りに読み解こうとします。それでも意味が分からないと、自分の英語力は低いと思い込んで、ついには勉強への意欲を失ってしまうのです。

英語の学習はテストではありません。英語に不慣れな人は、まずは日本語訳から読めばいいのです。

日本語訳にざっと目を通してから英文を読めば、最初から英文と格闘するより、ずっと早く英文が読めます。それに辞書を引かなくても、知らない単語の意味

【オバマ大統領のプラハ演説(字幕付き)
http://www.youtube.com/watch?v=_lcpg6yQ0Yw 】
YouTubeには、ほかにもプラハ演説の動画サイトがありますが、字幕の付いているものがおすすめ。スクリプトを見ながら何度も聞けば、そのうち耳が慣れてきて、韻の踏み方など、スピーチの技も学べます。

が推測できるはずです。

　だから、日本語訳があるなら、まずはそこから目を通してください。話の内容を頭に入れてから英語を聞くと、単語がより聞き取りやすくなります。ひょっとすると、脳が、自分は英語ができると勘違いしてくれるかもしれませんよ。

　字幕付きの映像、英語原稿、原稿の日本語訳など英語学習に必要な素材が無料で手に入れられるものの例として、2009年4月にチェコ共和国の首都プラハでオバマ大統領が行った演説のビデオを紹介しましょう。この演説は、彼がノーベル平和賞を受賞する直接のき

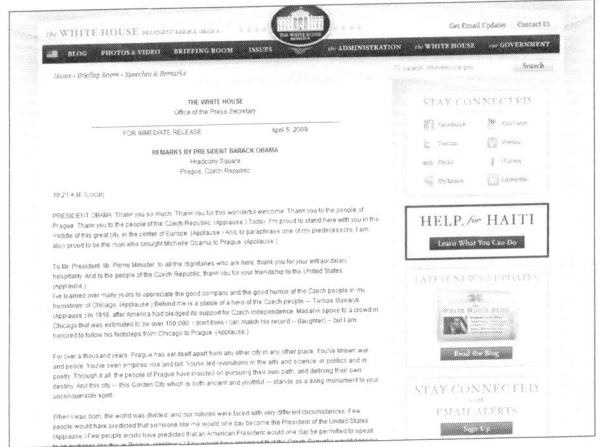

第5章　いよいよ動画サイトに挑戦！

【オバマ大統領のプラハ演説全文（英語）
http://www.whitehouse.gov/the_press_office/Remarks-By-President-Barack-Obama-In-Prague-As-Delivered/ 】

ニュース・サイトなどにも、プラハ演説のテキストが載っていますが、在日米国大使館のものが、信頼できる内容です。

っかけとなったスピーチなので、歴史に残るかもしれません。

演説の中で、オバマ大統領は、核兵器のない世界に向けて、核保有国であり、唯一核兵器を使用したことのある米国には、行動する義務があることを述べています。

そして、米国がリーダーとなり　核兵器の削減、核実験の禁止、核兵器の拡散阻止など具体的な行動を取っていくことを宣言しています。

日常ではあまり使わない単語が続々登場するので、初心者には難度が高いかもしれません。ですから事前

【オバマ大統領のプラハ演説（日本語翻訳）
http://tokyo.usembassy.gov/j/p/tpj-20090405-77.html 】

に日本語のテキストを読んでから、実際の映像を見たほうが、英語の理解は進むでしょう。日本語のテキストは在日米国大使館のホームページで入手できます。

　ホワイトハウスが提供している映像は、このプラハ演説に限らず、ほとんどすべてに英語字幕が付いていますし、スクリプトが公開されているものが多いです。政治が好きな人、アメリカが好きな人、オバマ大統領

第5章　いよいよ動画サイトに挑戦！

【オバマ大統領プラハ演説（日本語字幕）
http://www.youtube.com/watch?v=IFnbQoCpNaM】

日本語の字幕が入ったものは英語初級者におすすめ。まずはアクセントや音の高低を聞き、英語の音に慣れることからはじめましょう。次第に、どんな言葉をゆっくり発音し、強調しているのかが分かってきます。

やそのファミリーに関心のある人には、ホワイトハウスのサイトは使える英語教材の宝庫であるといえるでしょう。

英語ができると世界が広がる

　YouTubeにアップロードされた映像が、世界的に話題になることがあります。

　最近では、イギリスのアマチュア・オーディション番組、『Britain's Got Talent』で人気者になったスーザン・ボイルさんの映像が世界中から驚異的なアクセスを集めました。

　この映像は、スーザン・ボイルさんのちょっとファニーな風貌と天真爛漫なキャラクター、そして卓越した歌唱力を世界に伝えました。そして、国境を越えた社会現象を巻き起こしたのです。

　数年前までは、テレビ局がスーザン・ボイルさんの映像を流さない限り、彼女の姿を日本人が目にすることはなかったでしょう。しかし、今は、インターネットに接続すれば、話題の映像を自分で直接取りにいくことができます。本当に数年前までは考えられなかったことです。

　英語ができると世界が広がる。

　そのことを実感できるのがインターネットの世界です。英語学習にこだわらず、ネット・サーフィン気分でYouTubeのいろいろな映像を見てください。

　そのうちきっと、もっと英語ができるようになりたい、あの人の英語を聞き取りたい、という意欲がムクムクと湧いてくるでしょう。そのくらい、YouTubeには面白い映像があふれています。

あなたもきっと涙する感動の英語教材

　もう1つ、少し前の話になりますが、2007年にも、YouTubeにアップロードされ、社会現象になった映像がありました。カーネギー・メロン大学教授、故ランディ・パウシュ先生が生前、同大で行った「最後の授業」の動画です。

　「Really Achieving Your Childhood Dreams」と題したこの講義は、YouTubeにアップロードされるや世界中の人の心をひきつけ、感動をもたらしました。

　英語のレベルは高いですが、英語・日本語の字幕付き映像がYouTubeで検索できます。講義の内容は書籍にもなっているので、日本語で本を読んでから映像を見るのも1つの方法です。

　「最後の授業」とは、カーネギー・メロン大学の名物講義で、人気教授らが人生最後の講義と仮定して、心から伝えたい内容を話したものです。

　当時、ランディ・パウシュ教授は、すい臓がんで余命数カ月と宣告されていました。まさに「最後の授業」であることを、パウシュ先生は講義の冒頭でユーモアたっぷりに話します。たちまち、会場は笑いの渦です。

　そして「The elephant in the room」と言って、自分のガンの状況を説明します。「部屋の中にゾウがいるのに、ゾウがいないようにふるまうのは不自然。だから話そう」というのです。こういう表現にこの先生のイマジネーションの高さを感じます。

　彼は自分の人生を振り返り、夢を持つことの大切さを軽快なトークでプレゼンテーションします。そして

【ランディ・パウシュ　最後の授業
http://www.youtube.com/watch?v=ji5_MqicxSo】
この授業内容が理解できれば上級レベル。テキストを見ながら、分からない単語をチェックしましょう。

最後に、この講義は学生に向けた講義ではあるけれど、本当は、自分のまだ幼い子どものためのメッセージなのだと言って、講義を終えます。

世界中の人が涙を流した映像です。

英語の勉強になるだけでなく、勇気ももらえる。大きな感動が、英語を理解したいという意欲を引き出してくれます。繰り返し見ていただきたい映像です。

Column 　**本間正人の英語学習体験⑤**

■私はミネソタの公務員

1987年に松下政経塾を卒塾し、9月からミネソタ大学のハンフリー・インスティテュート(公共政策大学院)に留学しました。

ここを選んだのは、全地球的な問題に対処するために設立された民間シンクタンク「ローマクラブ」で、恩師・大来佐武郎先生の古い友人である、ハーラン・クリーブランド Harlan Cleveland 先生が学長 Dean をつとめていて、彼の弟子になろうと思ったからです。

Harlan Cleveland という名前は日本ではあまり知られていませんが、20世紀のアメリカを代表する大思想家と言えるでしょう。

第2次大戦後にイタリアのマーシャル・プラン責任者を振り出しに、中国で黄河治水工事の責任者、雑誌編集長を経て、シラキュース大学マックスウエル・スクール学長、ケネディ政権の国連担当国務次官補(キューバ危機の当事者)、NATO 大使、ハワイ大学総長、アスペン研究所国際部長などを歴任した華麗な経歴の持ち主であると同時に、卓越した名文家でした。

彼のゼミでは What works and why? というテーマで、多国間、2国間の国際協力事業の成功要因分析を行いました。

南極条約やモントリオール議定書、インテルサット(国際電気通信衛星機構)や WMO (国際気象機関)など、地味

ながら着実に成果をあげている国際協力事業がなぜうまくいったのか。その秘訣を抽出しようという発想です。

私は、情報通信技術の影響についてレポートをまとめましたが、ゼミの成果は Birth of a New World (Jossey-Bass, 1993)という本に紹介されています。

2008年5月に90歳の天寿を全うされましたが、長身からしぼり出すような深い声、そして地球の未来を見通す見識は忘れられません。彼こそが、真の global thinker と呼ぶにふさわしい人物だったと思います。

ミネソタ大学大学院在籍中の1988年9月から、ミネソタ州政府貿易局の日本担当官をつとめることになりました。たまたま、大学院のレポートを書くために貿易局の国際部長にインタビューしたことがあったのですが、それを覚えていてくれたのです。

日本担当の前任者が民間のコンサルティング企業に引き抜かれたときに急遽、声がかかったのですが、留学生をいきなり地方公務員にしてしまうのは、さすがに「移民の国」だなあと感じました。

国連のときには未熟だったライティングの力をOJT (On-the-Job Training)で磨くいい機会になりました。

第6章 さらにステップ・アップするために

学習方法の新メニューを
開発してみよう!!

1. 日常生活に英語を取り込もう!

Q ..... 英語を書いたり、話したり、実際に使うにはどうしたらいいの?

A ..... コミュニティ・サイトで友だちをつくってみてはどうでしょう。

フェイス・ブックにアカウントを持つ

　1年以上もの長い期間、英語の勉強を続けるには、時には仲間も必要です。

　アマチュア・マラソンランナーは、一緒に走る仲間がいるからこそ、42.195キロを走りぬくことができるのだといいます。いくら一人でコツコツやるのが好きな人でも、1日1時間勉強し続けるには、時には第三者からの励ましの声が欲しくなるものです。

　たとえばコミュニティ・サイトのミクシィmixiには、英語がテーマのコミュニティがおおよそ2380件もあります。こういうコミュニティに参加して、英語学習の仲間をつくるのも、モチベーションの維持に役立ちます。

　ただし、コミュニティの中には間違った英語を平気で書き込む人もいるので、そのへんの見極めは必要です。

第6章　さらにステップ・アップするために

【**mixi** http://mixi.jp/search_community.pl?type=com&submit=main&keyword=%B1%D1%B8%EC&category_id=0&sort=member&mode=title&per_page=10&x=16&y=14】
英語学習の仲間づくりにおすすめ。TOEIC®テストの情報交換も。

　ミクシィは日本中心のコミュニティですが、世界最大規模のコミュニティ・サイトはフェイス・ブックfacebookです。

　フェイス・ブックはアメリカ発のコミュニティ・サイトで、世界規模で会員数が急増しています。2009年1月に1億5000万人だった会員が、8カ月後には3億人を超えていました。これほどのメガ・メディアは今まで地球上のどこにも存在しませんでした。

　もちろん、私もフェイス・ブックに自分のアカウントを持っています。英語を勉強したいなら、ぜひ英語版でプロフィールをつくり、書き込みをしましょう。

　フェイス・ブックが巨大なメディアであることは、

英語版だからこそ実感できることです。英語の短いガイダンスに従ってクリックしていくだけなので、英語に不慣れな人でもすぐにアカウントがつくれます。

　そんなこと言っても、誰も仲間がいないし……と思うかもしれませんが大丈夫。フェイス・ブックには友だちを探す機能がありますし、お友だち候補も紹介してもらえます。一人友だちが見つかれば、次々と人の輪が広がって、ネットワークが世界に広がっていきます。

　フェイス・ブックには、ミクシィの日記のように日々の出来事を綴ることのできるページがあります。2～3行のつぶやきを書けばよいので、英語に不慣れな人でも続けられます。

　日記にコメントが付くなど、仲間同士のコミュニケーションが始まると、生きた英語との接触時間がぐんと増えるでしょう。

【フェイス・ブック　http://www.facebook.com/#/masato.homma?ref=mf】
facebookに書き込みすることは、英作文の訓練に最適。

もちろん、同様にTwitterもいいのですが、携帯電話などから入力する人が多いためか、スペルミスや略記が多い印象があります。

こうしたネットワーク・ツールは今後さらに進化していくはずですから、目が離せません。

ネイティブと電話でディスカッション

かなり上級者向けですが、ネイティブと直接にコミュニケーションしたい人におすすめのプログラムが「テレクラス・ドットコム TELECLASS.COM」です。

【 TELECLASS.COM　http://www.teleclass.net/ 】
上級者向けですが、speakingはもちろん、ネイティブ同士の自然なやりとりに慣れることもできます。教科書的でない実践的なヒアリング強化にもおすすめ。

これは電話会議のスタイルで授業を行うカルチャー・センターのようなもので、クラスのテーマはビジネスや健康などさまざまに設定されています。
　クラスのリストは、インターネット上で検索できるので気に入ったクラスがあったら、決められた時間に決められた電話番号にかけて、受講申し込みをします。これで講義に参加することができます。
　電話会議なので、ネイティブに混じって自分から発言しなければなりません。私は、テレクラスに参加するときは、1時間に2回以上発言することを目標にしていました。
　クラスは有料のものもありますが、無料で受講できるものもあります。インターネット電話サービスのスカイプSkypeを利用すれば、通話料を気にせず授業に参加することもできます。
　最初はドキドキしますが、慣れてしまうと夢中になってしまう人も少なくありません。

2. ふだんの生活の中でステップ・アップ

> **Q** ..... 日本にいながら英語づけの生活はできますか？

> **A** ..... もちろん。日常生活のあらゆる場面が英語学習の場になり得ます。
> 要はアイデア次第です。

日常生活を英語づけにしてしまおう！

英語を習得するのに必要な勉強時間は2000時間が目安であることは前に述べたとおりです。日本人の平均的な年間労働時間はだいたい2000時間です。1日8時間、月に20日働くとして、年間の労働時間は1920時間になります。つまり、1年間英語づけの生活を送れば、ノン・ネイティブとして十分な英語運用の能力は身につくはずです。

それじゃぁ、留学するのが一番だ！

そう考えるのは、従来の発想です。英語の学習資源がこれだけ豊富にある時代。留学するのがなかなか難しいという人でも、アイデアさえあれば、日本にいながらにして英語づけの生活を送ることは可能です。インターネットに限らず、日常生活のあらゆる場面が英

語学習の場になります。

　たとえば、友だちと海外旅行に行く計画があるなら、旅先の基本情報や観光情報など、現地情報をインターネットで入手し、お手製のガイドブックをつくってみてはどうでしょう。英語学習になるだけでなく、友だちに喜ばれること受け合いです。

　会社に外国人のお客さんが来社したことを想定して、自社の業務案内を英語で考えてみるのはどうでしょう。あなたの会社にもしホームページがあるなら、それがたとえ現在は日本語版だけであったとしても、会社の門戸は世界に開かれています。英語での問い合わせメールが来る可能性も、ないとはいえません。ですから、自社の業務案内を英語で用意しておくことは、決して無駄にはならないはずです。

　インターネットに限らず、英語の学習方法はアイデア次第でいろいろ考えられます。ここでは、インターネット以外の場で、日常的に楽しく英語を学ぶ方法をいくつか紹介したいと思います。

「しり(尻)とり」ならぬ「かた(肩)とり」

　日本語の言葉遊びである「しりとり」。もちろん、ご存じですよね。子どものころ、「こぶた、たぬき、きつね、ねこ」というように、楽しみながら、ボキャブラリーを増やした人も多いのではないでしょうか。

　数年前、私は、英語で「しりとり」をやってみてはどうか、と考えたことがあります。ところが、1つの壁に当たりました。英語の場合、-y で終わる単語はた

くさん存在しますが、y- で始まる単語の数はあまり多くないのです。

そこで思いついたのが「かたとり」というもの。つまり各単語の前から2文字目を、次の単語の1文字目にもってこようという発想です。

たとえば、English から始めると、2文字目は n ですからnで始まる言葉を考えてみます。もし、nation を思いついたら、その次はnation の2文字目が a ですから、apple、そして、その後、planning、lecture、energy といった具合に続いていくということになります。

実際にやっていただくと分かりますが、英単語の2文字目には母音(a、i、u、e、o)が来る確率が高く、母音で始まる言葉は非常に多いので、語彙があまり多くない人でも比較的続けやすいのです。

「しりとり」では語尾に「ん」が付いたら負けですが、「かたとり」では2文字目に x が付いたら負けとするのもよいでしょう。

学校英語を中心に学んできた大多数の日本人は、「英単語を見るとその訳語・意味は思いつく」という passive vocabulary はかなり豊富に持っています。ただ、それを会話の中で使いこなせないというギャップが大きいようです。したがって、読めば意味の分かる passive vocabularyを、発話行動に活かせる active vocabulary に転換していくこと、そして思い出す速度を上げることが、会話力アップのために非常に重要なのです。そのための訓練としても、この「かたとり」

はおすすめです。

　英語力が異なる人たちの間でやる場合は、ハンディを付けることができます。つまり、上級者には「5文字以上の単語にかぎる」とか「動詞だけ」「食べられるものだけ」などと、制限を付けて競うことができるのです。

　実際にやってみると、ゲーム感覚で結構、楽しめると思います。さっそく、誰かと試してみませんか？

コンピューター英語に強くなろう

　自分の仕事は今のところ、あまり英語と縁がないという人でも、仕事で、コンピューターを使っている人は、毎日、英語を使っていることになります。言い換えれば、コンピューターは「英語の窓」A window of Englishなのかもしれません。では、毎日、使っているカタカナ用語にはどんなものがあるでしょうか。

　たとえば「ハードディスクがクラッシュしても困らないように、こまめにファイルをセーブすることが重要だ」「バージョンアップした新しいソフトをインストールする」「サーチエンジンでキーワード検索をしたけれど何もヒットしなかった」というような会話は、日常的に行われていますね。

　さて、それでは質問です。

　（Q1）「クラッシュ」は、clashでしょうか、それともcrash でしょうか？

　（Q2）「セーブ」には他にどんな意味がありますか？「スクリーン・セイバー」とはどう違うのでしょうか？

第6章　さらにステップ・アップするために

同じなのでしょうか？
　(Q3)「バージョンアップ」は和製英語です。英語では何というでしょうか？
　(Q4)「ソフト」を英語で書くと？
　(Q5)「サーチエンジン」ってどういう意味？

　正解は、
　(1)は crash で「砕く、壊れる」という意味。カクテル(cocktail)などに使うクラッシュ・アイス(crashed ice)も同じ語源です。
　(2)コンピューターのsave は「保存する」という意味ですが、他に「救う」「貯蓄する」という意味でも使われます。screen saver も同じ動詞のsave から派生した言葉です。蛍光管を使ったモニターの場合に長時間使用した際に残像が残らないようにしたものですが、液晶上では装飾効果が第一のようです。
　(3)upgradeが正しい言い方です。改訂版はupgraded versionです。
　(4)software です。「服装」「着る」のwearとはスペリングが違うので要注意。hardwareには、「金物、工具」という意味もあります。
　(5)search engine のengine は「動力源、装置」という意味です。ちなみに「消防車」はfire engine ですね。
　ふだん使っているカタカナ言葉を辞書で引いてみると、さまざまな発見があります。コンピューターと英語の両方に強くなれば一石二鳥ですね。

1日の仕事で使う動詞をピックアップ

　朝、**通勤して**、上司に**挨拶して**、部下に**指示を出して**から、会議の**打ち合わせをした**後、不意の**来客に応対して**、**経費を精算し**、翌週の**段取りをつけて**、1時間の**残業**で、**退社**した。

　ビジネスパーソンのごく普通の1日ですが、ここに含まれている動詞をマスターしておきましょう。
　「通勤する」という動詞は、commute です。通勤電車は commuter train、定期券は commuter's pass と表します。また、go to office（相手が会社にいる場合には come to office）という言い方もできるので、同じ文章の中では、同語反復を避けて、別の表現を用いて言い換えたほうがスマートです。
　「挨拶する」は greet が一般的です。誕生日や記念日などに送るカードを greeting card と言いますね。直接話法を用いて say "Good morning" to someone と言うこともできるでしょう。
　「指示を出す」は、give instructions や order あるいは、command が使えます。簡単な動詞を使うと tell someone to do something になりますね。
　「打ち合わせをする」は、さまざまな動詞があてはまります。ここでは「会議の打ち合わせ」ですから、meet for a meeting よりも、plan a meeting とか、discuss how to organize a meeting あるいは prepare for a conference などが分かりやすいでしょう。ただ、状況によっては have a rehearsal がぴったりかもしれま

せん。

「来客に応対する」は、meet a guestやwait on a guest くらいが普通でしょうが、「客をあしらった」というニュアンスになると take care of a guest、deal with a guest のほうがふさわしいこともあります。

「経費を精算する」は、file an expense report と言えば分かるでしょう。

「翌週の段取りをつける」は、さまざまな状況がありえますが、plan for the next weekとか、list up what to do next week あたりで意味は通じるはずです。

「残業する」は、work overtime が決まった言い方。「サービス残業」ならば work overtime without being paid（あるいは without compensation）でしょう。

「退社する」は leave the office とも go home とも表せますね。

上記はほんの一例ですが、自分の1日を振り返って必ず使う動詞を見直すと、学習すべき優先順位のもっとも高いボキャブラリーのリストが出来上がります。ぜひ、試してみてください。

道具不要の文字並べゲーム

英語の言葉遊びとしては、クロスワード・パズルやアルファベットのタイルを並べて、単語をつくり点数を競うゲームがありますが、今回、紹介するのは、とくに道具立ては必要ありません。

たとえば、「AとCを含む単語は？」という問いに対し、cat、case、act、actionというように、単語をリスト

アップしていくのです。単語の中で、その指定された文字が何番目に来るかは、関係ありません。これを参加者で順番に言っていくというだけの単純明快なゲームですが、2文字の組み合わせによっては、やさしくすることも非常に難しくすることもできます。

　一般に1文字を母音字(a、i、u、e、o)に、もう1文字を子音字にすると、容易になるでしょう。他方、2文字とも子音字で、かつ使用頻度の低い文字(j、q、w、x、zなど)を含めると難しくなります。sは、複数形の名詞にはほとんど使われますので、対象から外すのもよいでしょう。

　それでは、実際に試してみてみましょう。

◆「bとuを含む単語は？」
◆「lとoを含む単語は？」
◆「jとeを含む単語は？」

いかがですか？

　初心者用には、何文字の単語でもかまいませんが、上級者には、5文字以上とか4文字以内というように限定を加えて、ハンディをつけることも可能ですね。

　また、最初に指定する文字を2文字ではなく、3文字以上に設定することもできます。これは増やせば増やすほど、難しくなりますね。

　私は出演していたNHK教育テレビ「英語ビジネスワールド」の番組内では、このような言葉遊びを何種類も紹介してきました。読めば意味の分かるpassive vocabularyを、会話の中で使えるactive vocabularyに転換していくこと、英単語を思いつく反応速度を高めることなど、メリットはいろいろあります。

また、自分の思いつく単語の傾向がつかめますし、英語の語彙に関して何か発見することもあるかもしれません。さらに、自分たちで、新しい言葉遊びを開発していくのもすばらしいことです。

ぜひ、楽しみながら、言葉遊びに挑戦してみてください。

高速筆写暗記法

暗記が苦手な人は少なくありません。でも、視覚、聴覚、触覚をフルに働かせて覚えることを繰り返すと、脳のいろいろな部位が活性化して、長期記憶に定着しやすくなります。

この考えをもとに、TOEIC®テストの指導で有名な千田潤一先生から教えていただいた「高速筆写暗記法」を、先生と生徒の会話形式でご紹介しましょう。

先生：「ただより高いものはない」このフレーズを英語で言うと？
生徒：　　分かりません。
先生：答えは「There is no free Lunch.」です。では、15秒で、できるだけたくさんこのフレーズを書いてみてください。
生徒：（ノートに鉛筆を走らせる）── 15秒経過
先生：何回書けましたか？

生徒：3回です。
先生：今度は同じ15秒で、4回を目標に、つぶやきながら書いてください。どうぞ。
生徒：(さっきよりさらに急いで書く)── 15秒経過
先生：はい止めてください。では問題です。「ただより高いものはない」。これを英語で言うと？
生徒：There is no free lunch.

これで、このフレーズは二度と忘れないはずです。

Column 本間正人の英語学習体験⑥

■個室をもらい、秘書がつき、学生インターン

1988年9月から、ミネソタ州政府貿易局の日本担当官をつとめることになり、酒元謙二氏のご尽力でECCコンピューター学院の大阪の本部にミネソタ州政府貿易局大阪代表部を設置しました。そして、松下政経塾の後輩の吉田治君(現・衆議院議員)に大阪代表部の責任者になってもらいました。

これが public-private partnership (官民協力) の成功例と認められ、当時のパーペッチ知事から commendation (知事特別表彰) を頂戴しました。

当時、日本はバブルの絶頂期で、ミネソタから日本向け輸出支援と、日本からミネソタへの投資促進、そしてそのための州の知名度向上などを、仕事として担当していました。留学生としてはできないような経験を積むことができ、とくにライティング能力については、貿易局のOJT (On-the-Job Training) で鍛えられたと思います。

その後、90年から92年12月まで松下政経塾の研究主担当(研究部門責任者)に就任。

94年からは再びミネソタに行き、成人教育学(adult education and human resource development)博士課程に留学をしました。この間、日本では研修講師をつとめていたので、日本とアメリカを行ったり来たりの生活でした。

そんなわけで、ミネソタには7年半くらいいた計算になり

ます。ミネソタは、Land of 10000 Lakesと呼ばれ、湖のある美しい州です。3M (Minnesota Mining and Manufacturing)やNorthwest 航空(今はDelta航空に吸収されてしまいましたが)の本社もあり、足の便はよいところです。『大草原の小さな家』にも出てくる広大な自然の風景、そして米国最大のショッピングモールMall of Americaなど、一度、足を運ぶと、NYやLAとはひと味違うアメリカのふところの深さを感じることができると思います。

■これからの目標

「国際青年の村」「世界青年の船」など国際交流事業については、言及できませんでしたが、私自身はさまざまな行事に参加することで、国際コミュニケーションの経験、とくに大勢の前でスピーチをする力は磨きがかかったと思います。しかし、今でも英語で話すことについては、まだまだ改良の余地があります。英米でテレビのインタビューを受け、講演で聴衆をうならせるようなレベルのspeaking能力を身につけたいと思っています。

Harlan Cleveland先生のような達意の英文はなかなか書けないでしょうが、「読ませる英語」のwriting能力を磨きたいというのが、現在の目標です。

最後に——英語を学び続けるために

もっと英語ができたら！はみんなの願い

　私は長年、ビジネス英語の研修に携わり、また、これまで数多くの国際交流事業に参加してきました。どちらの場合にも、参加した人たちにアンケートをとると、もっともよく聞かれる声が、
「もっと英語ができればよかったのに！」
　という感想です。
　ビジネスで英語を使っている人や、国際交流事業を主催する立場の人の中にも、英語に対して苦手意識を持っている人は少なくありません。
　ビジネスの世界で、英語力は絶対必要不可欠の条件というわけではありません。ほかの専門技能や総合的マネジメント能力、自分の意見や考えをはっきり持っていることや、立場を超えて協力しあえるような協調性など、国際的ビジネスパーソンとして大切な要件は、ほかにもいろいろあります。
　ただ現在のグローバル社会の中で、英語が事実上の「国際語」としての位置を固めつつあり、日本人がアジア諸国の人々と交流する場合にも、英語が使われるケースが多くなっています。英語ができたほうがプラスに働くことは間違いなさそうです。

新メニューの開発は楽しい！

　私自身、英語の学習は継続中で、学習方法の新メニューも日々、鋭意開発中です。英語教育もほかの科学技術と同様にイノベーションが加速度的に行われていて、eラーニング、音声認識などIT技術の発展ととも

に、日々進化しています。

　私にぴったりの学習プログラムが、私の知らない世界のどこかで、すでに開発されている可能性もあります。チリで、香港で、タンザニアで、新しい英語の学習方法が開発されているかもしれません。チリにはそう簡単には行けませんが、ネットであれば、世界各地の英語教育の情報が得られるし、オンライン上で学習プログラムが体験できます。そこがネットのすばらしいところです。

　第1章でも述べたように、すべての人にベストな学習方法はありません。英語を学ぶ目的、学習環境、趣味嗜好、好みの学習スタイルは一人ひとり違うのです。

　英語の学習方法はアイデア次第でいろんなメニューが考えられます。そしてインターネットには無限の学習資源が存在しています。

　この本で紹介している学習法はほんの一部です。この本をベースキャンプに、ぜひとも自分の山を登ってください。

自分から声をかけよう

　前述のとおり、私自身も、英語に接し始めたきっかけは、「受験英語」でしたので、英会話には苦手意識を持っていました。

　初めて国際機関で仕事をしたとき、How are you? と尋ねられると、何と答えていいのだろう、と戸惑ったものです。

　教科書で習った I'm fine, thank you. ばかりでは能

がないような感じがして、Very well. とか I'm doing just fine. とかバリエーションをつけてみました。そのうち、ほかの人の様子を観察していると、Good! とか、Not too bad. とか、So so. とか、いろいろと簡単な言い方があることに気づきました。

　そして、私にとって一番大きかった発見は、「自分から先にHow are you?と声をかければよい」ということに気づいたことです。この発見で、ずいぶん気持ちが楽になったことを覚えています。

キムタクの英語が通じなかったわけ

　2009年のおおみそかに放送された第60回紅白歌合戦では、YouTubeの項でも紹介したスーザン・ボイルさんがゲストとして登場し、美しい歌声を聞かせてくれました。

　あのキムタクに寄り添われ、緊張した面持ちで舞台に立ったボイルさん。

　キムタクがせっかく英語で「Thank you very much all the way for coming to Japan……」と話しかけたのに、あろうことか通訳の人に「今、彼なんて言ったの?」と聞いてしまいました。

　この一件を「キムタクの英語は通じない」などと面白おかしく記事にしたメディアもありましたが、彼の英語はけっして通じない英語ではなかったし、むしろ流暢だったと思います。

　ではなぜあのとき通じなかったのか?

　おそらく、ボイルさんはキムタクが英語を話すとは

これっぽっちも思っていなかった、というのが正解だろうと私は見ています。ボイルさんの頭の中に、彼は英語を話す人だというフレームワークができていなかった。さぁ、英語を聞こうというキャッチャーミットがない相手に、突然英語で話しかけたから通じなかったのです。

もしキムタクが、緊張している彼女を舞台に誘導しながら、「Miss Boyle, how are you today？」などと英語で話しかけていたら……。きっとコミュニケーションが成立したはずです。

英語の発音がうまいとか下手とかということは、コミュニケーションを成立させる決定打にはなりえない、ということを実感した出来事でした。

自信を持って大きな声で話そう

英語に自信のない人は、つい小さな声で話をする傾向があるようです。そうすると、声が小さすぎて相手に届かなかったときに、Excuse me. とか Pardon. とか聞き返されると「あー、やっぱり私の英語は通じないんだ」と思い込んでしまう。本当は、声が小さかっただけだったとしも、さらに自信を喪失してしまうことがあります。

ですから、まずアドバイスしたいのは「大きな声で話す」ということです。英語の子音は大きな声で発音したほうが明瞭に聞こえやすくなります。

発音がいいに越したことはないですが、完璧でなくても十分通じます。rの巻き舌がどうとか、th の舌をか

むとかも、決して重要でないとは申しませんが、一つひとつの子音や母音の微妙な違いよりも、強弱のメリハリを付けるほうが、はるかに重要です。

　しかも、声が大きくなるとそれだけでも身体の内側からエネルギーが出て、気持ちやメッセージが伝わりやすくなるので「一石三鳥」かもしれません。

　まずテキストのスキットを大きな声で読むところから始めてみませんか？

【付録】 まだまだある! 使えるサイト10選

インターネット上に数限りなくある英語の学習資源の中から、
私が日ごろ接しているサイトで、英語のクオリティが高く、
しかも楽しいサイトを紹介しましょう。

<1>
パナソニックのグローバル・サイト
http://panasonic.net/

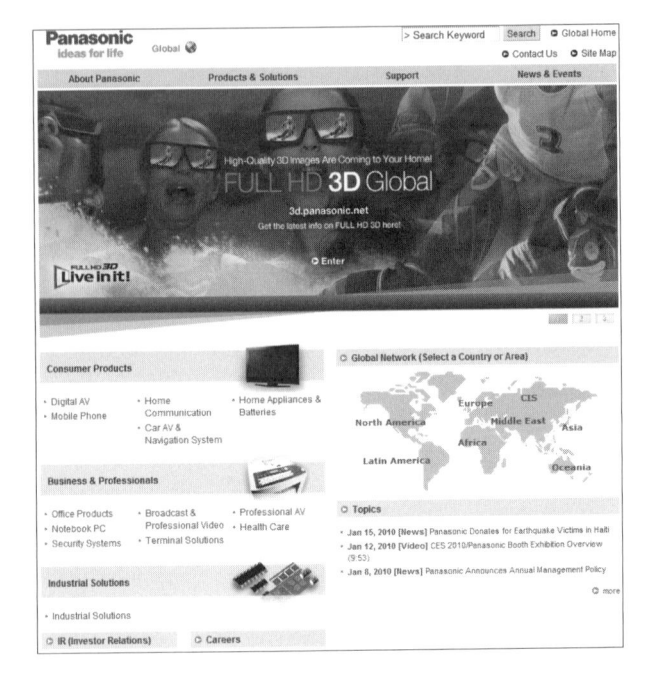

　パナソニックのグローバル・サイトは、日本企業の英語サイトの中でもとくに優れたサイト。地球環境やユニバーサル・デザインなど社会性のあるテーマについてのビデオもあります。英語の字幕が付いているのも優れた点です。まさにビジネス英語のヒアリング力強化に役立ちます。

<2>
三井物産の英語版ホームページ
http://www.mitsui.co.jp/en/index.html

　三井物産のホームページの英語版は日本語のプレスリリースの英訳が豊富です。英語でプレスリリースをつくるときの参考になるでしょう。

＜3＞
コモン・クラフト Common Craft
http://www.commoncraft.com/

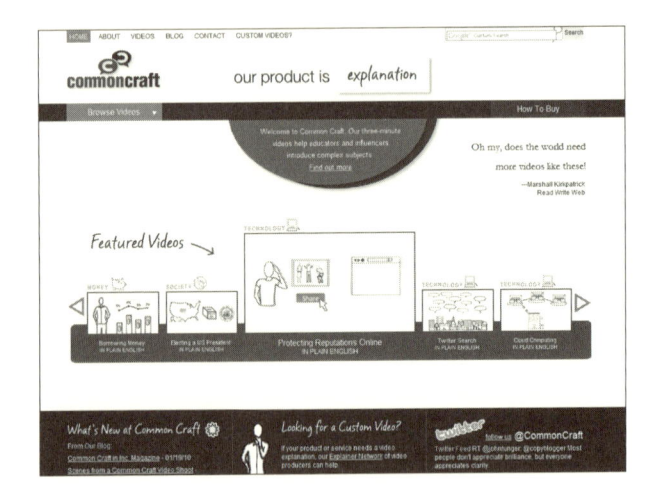

アメリカの大統領の選び方、お金を借りること、保険の仕組みなど社会科のテーマを平易な英語とシンプルなグラフィックで説明してくれるサイト。3〜5分程度で要領良くプレゼンテーションを行うときの最高のお手本といえます。説明の仕方がロジカルでシンプル、しかもユーモアもあります。パワーポイントを使った資料づくりの参考にもなりそうです。

<4>
英辞郎
http://www.alc.co.jp/

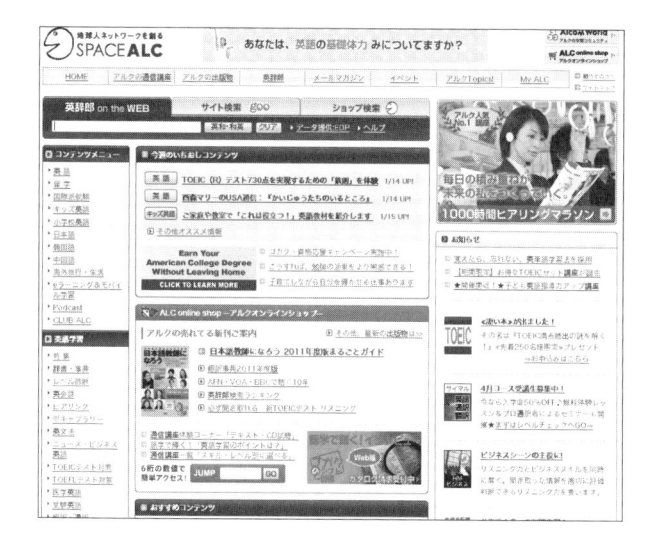

英語学習通信講座のパイオニア的存在のアルクが提供しています。収録語彙数は172万語。携帯版でも例文が豊富なので、分からない単語の意味を調べるのはもちろん、知っている単語が例文の中でどう使われているかを確認できます。また単語の持つ微妙なニュアンスをつかむこともできるでしょう。ちなみに私が提唱する「learnology」(学習学)という言葉も見出し語になっています。

<5>
ウィキペディアのトップページ
http://en.wikipedia.org/wiki/Main_Page

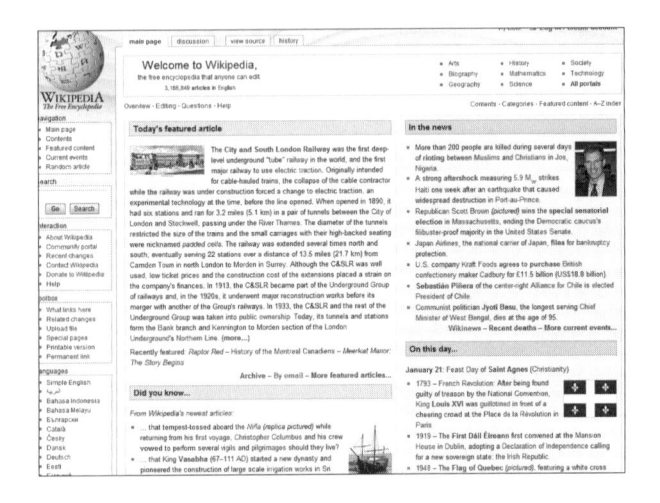

　ウィキペディアは頻繁に使うけれど、そのトップページを見たことは意外に少ないと思います。ここは、新記事の紹介や、地球規模の「今日は何の日」が読めるなど、旬の話のネタを仕入れることができるサイトです。書かれている文章もすばらしく、英作文の参考になります。ただし、個々の解説ページは素人が書いているので、文章として練れていない場合もあります。注意を！

＜6＞
オリンピック・ヒーローズ
http://assets.olympic.org/virtualexhibitions/expo-heroes-en.html

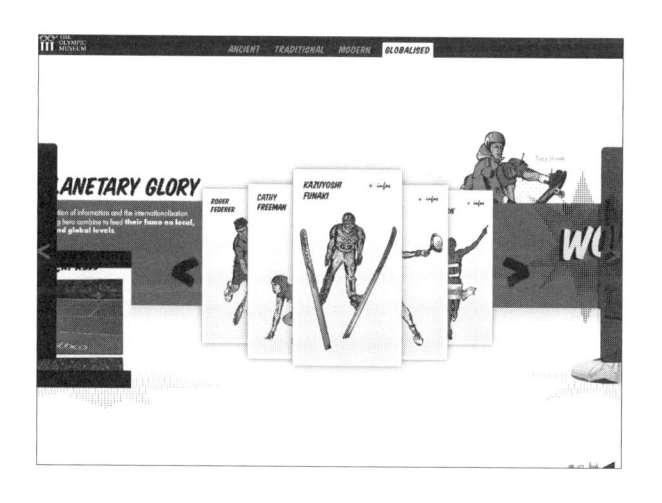

　古代オリンピックから今のオリンピックにいたるまでの歴史、その過程で誕生したヒーローたちの映像を見ることができます。カール・ルイスなどの著名選手や、日本人ではスキージャンプの船木和喜選手も紹介されています。スポーツ単語を覚えるにはもってこいです。加えて、ビジネスシーンでも、会話の入り口でスポーツの話題に触れるのは有効なケースが多いものです。このサイトで予習して、ぜひ、試してみましょう。

<7>
MLB（大リーグ）
http://mlb.mlb.com/index.jsp

アメリカ・大リーグMLBのホームページです。

試合の速報がオン・タイムで見られます。試合の映像も早々にアップロードされますので、常に最新情報を入手できます。ネイティブの生きた英語を聞けるので、リスニング力強化におすすめ。また、「2塁打」は「ツーベース」ではなくdouble、「エンタイトルツーベース」はground rule doubleなど、本物の英語表現も学べます。

<8>
サクセス・テレビジョン
http://www.successtelevision.com/

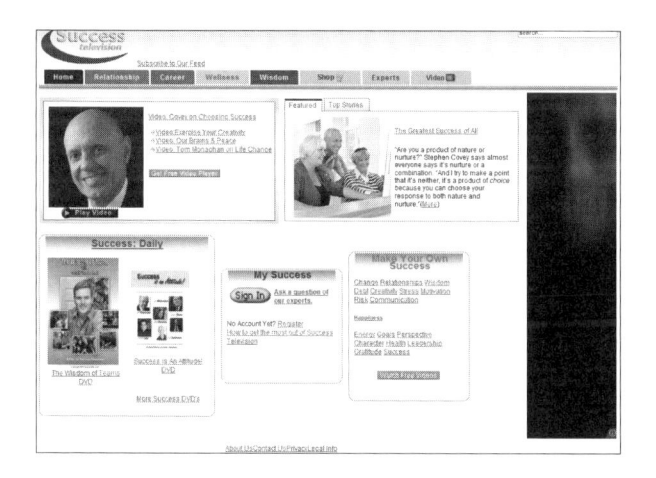

　ビジネスパーソン向けの自己啓発チャンネルです。
　健康のページでは、米国の健康医学者で『癒す心、治る力』などの著者であるアンドルー・ワイル博士の動画が見られます。数千円の定価で市販されているDVDのコンテンツに匹敵する内容が、無料で視聴できて、とてもお得です。

<9>
『最強組織の法則』のブックレビュー
http://www.youtube.com/watch?v=oBEWrlsl58Q

　本文でも触れたピーター・センゲ博士の名著、『最強組織の法則』(原題:The Fifth Discipline)のブックレビューです。
　名著といわれる本ですが、日本語版を読んでも難解すぎて意味を理解できませんが、このビデオを見ると、この本で著者が伝えたかったことがよく分かります。ヒアリング力の強化にもおすすめ。ビジネスパーソンの教養としても知っておきたい内容です。

＜10＞
ノーベル財団
http://nobelprize.org/index.html

　ノーベル賞受賞者による講演の映像を見ることができます。プレスリリースは、映像とプレスリリースが対応していますので、英語学習のマテリアルになります。ディクテーションにもおすすめ。理系分野の最新かつ重要な研究の内容が、比較的分かりやすく紹介されているので、専門知識がなくても、理解しやすいでしょう。

あとがき

「どのくらいできれば、英語ができる、と言えるのだろう？」

これもよく聞く質問です。

LとRの区別がつく、とか、定冠詞の the を正確に使える、とか、いろんなことをおっしゃる専門家がいます。

もちろん、そうした能力も非常に大切なことですが、ほとんどの日本人のビジネスパーソンにとっては、自然なスピードの会話についていき、内容がかなり理解できるというのが大切な目標。そして、自分の言わんとする主張をきちんと発信することができれば、ほぼ、十分な運用能力と言えるでしょう。

多少、ジャパニーズ・アクセント（日本語訛り）があっても、話の内容が立派であれば、国際舞台で十分に活躍できるのです。「悪しき完璧主義」は、英語学習の阻害要因です。

他方、ネイティブ・スピーカーの発想についていけるように幅広く、そして、新しい話題についていき、今、語られていることが、どんな文脈に位置づけられるのか、全体像を把握する力は、これまで以上に重要になっています。

だからこそ、「教科書」を使って、「過去の英語」を学ぶよりも、ネットを最大活用して「今の英語」に接することを優先すべきだと、私は思います。

あとがき

　モバイル技術が進化して、いつでも、どこでも、安価にインターネット上の学習資源を使える時代になりました。
　本書では、ちらりとしか触れていませんが、facebookやTwitterは、英語の発信能力を高める上で大きな可能性を持っています。たとえば、ネイティブの書いた「気の利いた言い回し」をQT（引用）することで、自分が使える表現のレパートリーを広げていくことが可能です。
　英語を身につけるためには、お金をかけ、生活時間から無理に一定の時間を確保しなければならない……。それが、これまでの常識でした。
　もちろん、語学学校に通ったり、テキストや教材を買ってテレビ・ラジオの語学講座で勉強したりするのが自分には合っているという人も少なからずいらっしゃるのですが、そうした方法が自分には適していなかったという人は、ネット動画などの新しいツールをぜひ試していただきたいと思うのです。
　決められた時間に決められた教材を使い、受け身の姿勢で行う学習は、せっかくお金をかけても、学ぶ楽しさを感じにくく挫折しやすくなってしまいます。
　教育学を超える「学習学」を提唱している私は、「誰もが、英語を、自分に合ったスタイルで、自分のペースで、楽しく、安く学ぶことができる」と考えています。無理は長続きしません。succeed という動詞には、「成功する」という意味の他に「継承する、継続する」という意味もあるのです。

継続こそ、成功の鍵。

そのために、本書を読んだら、即、ネットであれこれ試していただき、無理なく、楽しく英語と接する方法を見つけてほしいと思います。

なお、本書で紹介したサイトでURLのリンクが切れている場合もありますので、その場合には、キーワードをGoogle、Yahoo! などのサーチエンジンで探してみてください。

　2010年2月

本間 正人

角川SSC新書の新刊

093 何度も何度も挫折した人のための英語はネット動画で身につけろ!

本間正人

今どき英語学習にお金をかける必要はない。YouTubeやニュース・サイトを活用し、楽しく英語を学ぶ方法を紹介する。

094 ねぎを首に巻くと風邪が治るか?
知らないと損をする最新医学常識

森田 豊 医学博士・医療ジャーナリスト

伝承や間違った常識がまだまかり通っている医療の世界。「泳いだ後は目を水で洗う」や「薬は水で飲む」などの常識がくつがえる。

095 脳に効く「睡眠学」

宮崎総一郎 医学博士・滋賀医科大学教授

例えば「英会話や資格の勉強を記憶しやすい眠り方」がある。こうした睡眠の知識をわかりやすく紹介。睡眠学で生活を豊かにする。

096 世界紛争地図

「世界情勢」探究会

世界で今、起きている紛争について、歴史に基づき、原因、現状、解決しない理由等を読み解いていく。国際ニュースの核心が見える。

097 純金争奪時代
金に群がる投資家たちの思惑

亀井幸一郎 金融・貴金属アナリスト

ドル不信、人民元の台頭、ユーロの不安で続く金高騰。世界経済の大転換のシグナルを読みとき、金投資入門にも最適の1冊。

著者略歴

本間正人（ほんま・まさと）

1959年東京生まれ。東京大学文学部卒業、ミネソタ大学大学院修了（成人教育学博士Ph.D.）。ミネソタ州政府貿易局、松下政経塾研究部門責任者などを経て、93年に独立。「教育学」を超える「学習学」を提唱し、「研修講師塾」を主宰。現在、数多くの企業・自治体で管理職研修を担当している。
NPO法人学習学協会代表理事、帝塚山学院大学客員教授、NPO法人ハロードリーム実行委員会理事。
主な著書に、『英語で鍛えるロジカルシンキング！』（日系BP社）、『TOEIC®TEST プログレッシブ シリーズ※』（4冊、小学館）、『コーチング入門※』『セルフ・コーチング入門※』（日経文庫）、『ほめ言葉ハンドブック※』（PHP研究所）、『できる人の要約力※』『「バカ丁寧」のすすめ』（中経出版）、『笑顔のコーチング※』（大和書房）ほか多数（※は共著）。学習教材として『本間正人のコーチング』（DVD5巻セット、らーのろじー）など。
http://www.learnology.co.jp/

角川SSC新書 093

何度も何度も挫折した人のための
英語はネット動画で身につけろ！

2010年3月25日　第1刷発行

著者	本間正人
発行者	太田　修
発行	株式会社 角川SSコミュニケーションズ 〒105-8405 東京都港区虎ノ門2-2-5 共同通信会館4階 編集部　電話 03-5860-9860
発売	株式会社 角川グループパブリッシング 〒102-8177 東京都千代田区富士見2-13-3 販売部　電話 03-3238-8521
印刷所	株式会社 暁 印刷
装丁	Zapp! 白金正之

ISBN978-4-04-731516-7

落丁、乱丁の場合は、お手数ですが角川グループ受注センター読者係までお申し出ください。送料は小社負担にてお取り替えいたします。

角川グループ受注センター読者係
〒354-0041
埼玉県入間郡三芳町藤久保550-1
電話 049-259-1100（土、日曜、祝日除く9時〜17時）

本書の無断転載を禁じます。

© Masato Homma 2010 Printed in Japan